LES 50 STARS 2020 DE LA NBA

Éditions TALENT SPORT
115 rue de l'Abbé Groult, 75015 Paris

Illustration : GLDESIGN
www.gldesign.fr

Photos : © AFP / © Icon Sport

ISBN : 978-2-37815-162-1

LES 50 STARS 2020 DE LA NBA

ELVIS ROQUAND

Talent Sport

Du même auteur chez Talent Sport

NBA : Les 150 maillots cultes

(2020)

NBA Basketball 2019

(2019 - Collectif)

Petit quiz basket - Histoire de la NBA : 301 questions pour vous tester

(2018 - Coécrit avec Julien Müller)

SOMMAIRE

INTRODUCTION

Par où commencer ? Comment résumer cette saison à nulle autre pareille ?

Les mouvements de l'été 2019 avaient rebattu les cartes. À l'Ouest, des nouveaux duos de choc se sont formés pour reprendre le flambeau des Warriors, diminués par les absences de Stephen Curry et Klay Thompson. Kawhi Leonard et Paul George aux Clippers, les retrouvailles de Russell Westbrook et James Harden à Houston, les phénomènes Dončić et Jokić… Que de menaces pour disputer la suprématie de la conférence Ouest aux Lakers de LeBron James, rejoint par Anthony Davis, favoris pour la place en finale… À l'Est, les Bucks du MVP en titre Giánnis Antetokoúnmpo repartaient à la conquête d'une finale qui leur avait échappé de peu. Mais il allait falloir compter sur de fougueux Celtics, revigorés par l'arrivée de Kemba Walker, sans oublier les Raptors, champions en titre certes orphelins de Kawhi mais qu'il ne fallait pas enterrer pour autant, les 76ers revanchards, le Heat en embuscade… De nouvelles règles allaient par ailleurs pimenter la saison (14 secondes sur un rebond offensif, les déjà décriés challenges).

Une saison inaugurée par une belle émotion avec le retrait du maillot de Tony Parker par les Spurs le 11 novembre, mais comme un signe de l'année à venir, 2020 commence par une triste nouvelle : le décès de David Stern, ancien commissioner et grand artisan de l'expansion de la NBA dès le milieu des années 80. On a retrouvé un peu de gaieté avec le premier match de saison régulière à se jouer en France, à Paris, entre les Hornets et les Bucks le 24 janvier. Mais la fête a été de courte durée. Le 26 janvier 2020, neuf personnes décèdent dans un accident d'hélicoptère à Calabasas, en Californie, dont Kobe Bryant et sa fille Gianna. La NBA et le monde entier sont sous le choc et en deuil. Hommages sont rendus aux disparus lors des matchs suivant la nouvelle et du All-Star game. Janvier 2020 est également marqué de l'empreinte de deux autres légendes du basket : Vince Carter, qui devient le 4 janvier le premier joueur NBA à avoir foulé des parquets de la Ligue sur 4 décennies ; et LeBron James, qui devient le 25 janvier, la veille du décès de Kobe, le 3e meilleur marqueur de l'Histoire de la NBA, dépassant le Black Mamba au classement historique.

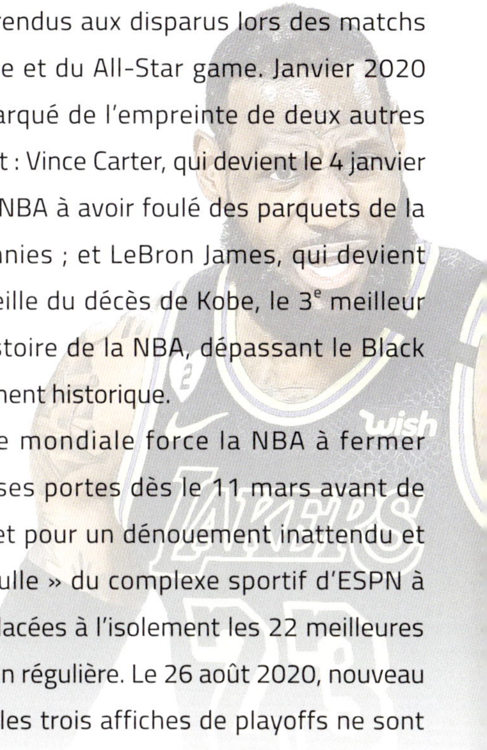

La crise sanitaire mondiale force la NBA à fermer temporairement ses portes dès le 11 mars avant de reprendre fin juillet pour un dénouement inattendu et inédit dans la « bulle » du complexe sportif d'ESPN à Orlando où sont placées à l'isolement les 22 meilleures équipes de la saison régulière. Le 26 août 2020, nouveau rebondissement : les trois affiches de playoffs ne sont pas disputées, boycottées par les joueurs en raison de la lutte sociale qui sévit depuis plusieurs mois aux États-Unis et des violences policières. Quand le jeu reprend, les favoris tombent les uns après les autres : les Bucks du MVP et Défenseur de l'année Giánnis Antetokoúnmpo puis les Raptors et les Celtics à l'Est, les Clippers à l'Ouest… Les guerriers du Heat de Miami, 5e à l'Est, vont défier les Lakers de LeBron James. Il fallait une franchise de légende menée par une légende du jeu pour boucler cette saison à part : les Lakers sortent de la bulle d'Orlando avec le 17e titre de l'histoire de la franchise, autant que les Celtics, et pour LeBron James, un 4e trophée de MVP des Finals.

Cette saison sera-t-elle marquée par un astérisque ? Assurément. Reste à définir sa taille, son lustre, son poids… Peu importe. On est passés par toutes les émotions, on a vu du beau jeu, un grand champion, en gros tous les ingrédients que l'on s'attend à trouver au début de chaque saison NBA.

LES STARS

DE L'ANNÉE

BAM ADEBAYO

23 ANS

AILIER FORT
PIVOT

13

CLUB

MIAMI HEAT

PALMARÈS

X1 All-Star

X1 Joueur de la semaine

Pour le premier portrait de ce livre, c'était l'année des grandes premières ! Première saison en tant que titulaire à temps complet, premier All-Star Game, première nomination dans l'un des meilleurs cinq défensifs (2nd team) et premières... finales NBA ! Edrice Femi Adebayo à l'état civil (Bam étant un surnom hérité de son enfance et du personnage du dessin animé *Les Pierrafeu*) a véritablement explosé après le départ d'Hassan Whiteside à Portland.

Héritant sans discussion de la place de starter laissée vacante, l'arme secrète de Pat Riley et Erik Spoelstra derrière Jimmy Butler et Goran Dragić a passé plus de dix minutes supplémentaires sur les parquets en moyenne. Il a logiquement augmenté sa production, passant de 9 points, 7 rebonds et 2 passes à 16 points, 10 rebonds et 5 passes de moyenne. Au cours de cette saison, il va aussi battre quelques records personnels (30 points et 11 passes le 10 décembre face aux Hawks), mais c'est surtout par son profil d'intérieur moderne, complet, que Bam Adebayo s'est fait remarquer. Capable de défendre sur des ailiers ou *in the paint*, il n'hésite pas à remonter la balle après s'être arraché en défense et au rebond et peut se transformer en créateur depuis le haut de la raquette, sa zone d'occupation préférentielle. Gracile, agile, son dunk à deux mains en phase descendante de son saut serait-il déjà son « *signature move* » ? L'avenir nous le dira, pour le moment ce n'est pas loin d'être sa spécialité avec le contre en « *trailer* ». *Playmaker* autant que scoreur et défenseur, il n'en fait pas trop et sait jouer pour son équipe, comme l'attestent ses sorties sur tous les fronts : par 32 fois cette saison, il a rempli toutes les cases de la feuille de match avec au moins une unité ; il a par ailleurs signé 40 double-doubles (9e de la Ligue) et 3 triple-doubles – ses premiers en carrière –, dont deux à la mi-décembre quand il a été élu joueur de la semaine. Pour son premier All-Star Game, Bam a pu savourer ce week-end si particulier et montrer son habileté balle en main en remportant le Skills Challenge.

5e aux votes du Défenseur de l'année et surtout 2e pour le trophée de la meilleure progression (devancé d'une courte tête par Brandon Ingram, voir par ailleurs), Bam Adebayo s'est montré déterminant pour le Heat en playoffs. Dans le match 1 des finales de conférence, à 3 secondes de la fin, son contre en haute altitude par-dessus le cercle sur Jayson Tatum des Celtics sauve les siens et lance sa série (21,8 points, 11 rebonds et 5,2 passes), qui s'achève en beauté avec un énorme match 6 (32 points, 14 rebonds, 5 passes) qui envoie le Heat en Finals. Gêné par une contracture au cou et une épaule droite en vrac, il manque les matchs 2 et 3 face aux Lakers. Son retour sera malheureusement insuffisant pour éviter la défaite de Miami en 6 matchs. Lors de cette période passée dans la bulle d'Orlando, Bam avait pris l'habitude de faire une balade tous les soirs dans le complexe sportif. Le soir du sacre de Los Angeles, il ne déroge pas à son habitude et passe devant la fête des Lakers, scène capturée sur Instagram par la journaliste d'ESPN Rachel Nichols. « Motivant », lui déclarera-t-il après coup.

GIÁNNIS ANTETOKOÚNMPO

26 ANS

AILIER FORT

34

CLUB

PALMARÈS

- X2 MVP de la saison (18-19, 19-20)
- X1 Meilleur défenseur (19-20)
- X4 All-Star
- X13 Joueur de la semaine
- X8 Joueur du mois
- Most Improved Player (16-17)

Après son trophée de MIP en 2017 et de MVP en 2019, Giánnis Antetokoúnmpo a continué de monter en puissance et de dominer, en s'appuyant sur ses qualités athlétiques exceptionnelles. Explosif, rapide et semble-t-il infatigable, pour le MVP en titre et candidat à sa propre succession, la saison 2019-2020 est celle du titre et rien d'autre.

Même si ce premier trophée de MVP récompense l'excellence, il y a toujours de la place pour de l'amélioration, et ça, le numéro 34 du Wisconsin l'a bien intégré. Cette saison, il s'est montré encore plus efficace sur les parquets, comme si c'était encore possible. En jouant 2 minutes en moins par match, il a réussi le tour de force d'ajouter 2 points et 1 rebond de moyenne à sa production pour un rendement hors norme : 29,5 points, 13,6 rebonds, 5,6 passes, 1 contre et 1 interception à plus de 55 % de réussite aux tirs en à peine 30 minutes, donc. Des performances au niveau des légendes de la Ligue à son poste, Wilt Chamberlain et Abdul-Jabbar, ponctuent sa saison : 56 double-doubles (1er de la NBA), dont 4 triple-doubles avec un record personnel de passes décisives (15) ; des pointes à 50 et 48 points ; deux fois 20 rebonds et 26 matchs à au moins 15 rebonds... Avec si peu de temps de jeu, Giánnis affiche des moyennes rares : la dernière fois que la NBA avait connu telle domination, c'était en 1972-1973, par un autre pivot de Milwaukee, Kareem Abdul-Jabbar et ses 30,2 points, 16,1 rebonds et 5 passes, mais en près de 43 minutes par match, soit 13 de plus que Giánnis ! Élu 4 fois joueur de la semaine et joueur du mois en novembre, décembre et janvier, All-Star pour la 4e fois de suite, Giánnis et les Bucks filent vers la *postseason* avec la qualification la plus rapide de l'histoire pour les playoffs, actée au 23 février, et le meilleur bilan de toute la Ligue.

Le pivot a également progressé à trois points (de 25 % à 30 % de réussite et un nouveau record de trois points réussis avec 5 face aux Lakers le 19 décembre). Détenteur du meilleur ratio défensif, du 3e *win shares* et du meilleur PER de la Ligue (et de l'histoire) avec des stats en hausse qui ont un impact sur les résultats de son équipe, on est bien là face au joueur ayant la meilleure valeur ajoutée à sa franchise tout au long de la saison, la définition même du MVP. Nommé dans le 1er cinq All-NBA et All-Defensive, avec le doublé MVP-Défenseur de l'année, il devient par ailleurs le 3e joueur de l'histoire à obtenir ces deux distinctions lors de la même saison, après Michael Jordan (1988) et Hakeem Olajuwon (1994), et le seul qui peut y ajouter celui de MIP. Lui reste-t-il des axes d'amélioration ? Il doit devenir plus rugueux et plus hargneux *in the paint* en attaque pour aller provoquer plus de lancers et surtout améliorer son shoot à mi-distance (en plus de la qualité de ses passes et sa rapidité sur les *picks and roll* – selon ses propres mots en réponse aux critiques de James Harden lors de la draft du All-Star Game).

Surpris par le Magic en ouverture des playoffs malgré un gros match, on retrouve le *Greek Freak* dominateur dans le match 2 (28 points et 20 rebonds) et les 3 victoires qui suivront (30,6 points, 16 rebonds et 6 passes sur la série). Muselé par la défense du Heat sur les trois premiers matchs du second tour, Giánnis ralentit et score beaucoup moins (22,7). Il se blesse à la cheville lors du match 4 et rate le match 5, assistant impuissant à l'élimination de ses Bucks. Une halte temporaire sur les rails où est lancée la locomotive Antetokoúnmpo.

BRADLEY BEAL

27 ANS

ARRIÈRE

3

CLUB

PALMARÈS

X2 All-Star

X3 Joueur de la semaine

Aurait-on ici affaire au meilleur joueur de cette sélection et de la NBA à ne pas être All-Star cette année ? Deuxième meilleur marqueur de la Ligue à 30,5 points de moyenne par match, Bradley Beal est en mission. Son compère John Wall étant absent des parquets depuis la fin décembre 2018, Beal a porté sur ses épaules une équipe que tout le monde avait condamnée et enterrée avant même le début de la saison. 11e de la Conférence Est à l'issue de l'exercice 2018-2019, personne n'aurait parié sur une possible amélioration de ce classement : sans John Wall, la nouvelle saison des Wizards a été lancée avec un effectif encore grandement remanié, rajeuni mais inexpérimenté et sans renfort de poids. C'est donc une petite surprise que de voir Washington occuper la 9e place à l'Est avant l'interruption de la saison début mars.

Ce qui est moins surprenant, c'est de voir à quel niveau a évolué Bradley Beal depuis le début de saison ; il avait déjà montré l'année dernière qu'il pouvait prendre le leadership de son équipe sans frémir, et le vrai *franchise player* de Washington depuis deux saisons est bel et bien le deuxième meilleur marqueur de la Ligue mais n'a pas été retenu au All-Star Game. Jamais dans l'histoire de la NBA un joueur marquant autant de points par match n'avait manqué ce rendez-vous. Cela dit, en le plaçant deuxième des votes des joueurs pour le All-Star Game, ses pairs connaissent sa valeur et savent que l'arrière de Washington est l'un des joueurs les plus difficiles à contenir de la Ligue. Dans le jeu actuel où le tir à trois points et les pénétrations prédominent, comment défendre sur un arrière qui se créé plus d'occasions de tirs à mi-distance ou entre la peinture et la ligne à trois points (510 tentatives) qu'au cercle (312) ou à trois points (481) ? Le graphique des tirs tentés et réussis de Bradley Beal est une véritable constellation qui couvre tout l'espace adverse.

Pour le moins vexé, voire scandalisé par sa non-sélection, Bradley Beal enchaînera deux gros cartons en *back-to-back* une semaine après le week-end des Étoiles (53 et 55 points, record en carrière). Deux coups de chaud pour rien, soldés par des défaites, à l'image de ses cinq plus gros scorings cette saison. Plus rageant encore, sur les 10 matchs que Beal a bouclés à 40 points ou plus, son équipe ne récolte qu'une seule victoire pour 9 défaites. Affichant une moyenne hallucinante de 36,5 points de moyenne après le All-Star Game et jusqu'à l'interruption de la saison début mars, portant ses Wizards à la 9e place à l'Est, avec ses huit saisons au compteur il devra faire évoluer son jeu pour impliquer davantage ses coéquipiers et ainsi les faire grandir s'il veut viser plus haut. À l'image de Damian Lillard, il a affiché clairement son attachement à la franchise qui l'avait drafté en 2012 en signant une prolongation de contrat l'été dernier. Quand bien même Bradley Beal a entretenu le suspense, il restera dans la capitale au moins jusqu'à la fin de la saison 2022, lui qui a affirmé détester le changement.

DEVIN BOOKER

23 ANS

ARRIÈRE

1

CLUB

PHOENIX SUNS

PALMARÈS

X1 All-Star

Avec au compteur une minute en moyenne de plus sur le parquet que la saison passée, Devin Booker a justement montré, en affichant quasiment les mêmes stats que l'année dernière, à quel point il a su gagner en efficacité pour le bien de son équipe. Moins de balles perdues, moins de tirs tentés, une meilleure adresse aux tirs, à trois points et aux lancers francs, pour une moyenne aux points identique de 26,6, voilà une belle preuve de maturité.

Plus mature donc, notamment grâce à l'influence de Ricky Rubio qui l'a déchargé des responsabilités de la mène et dont l'expérience est d'une grande aide à Phoenix. Responsabilisé par son nouveau coach Monty Williams et par son statut de vétéran (seuls Rubio et Aron Baynes sont plus expérimentés que lui) au sein de cet effectif sans cesse remanié depuis son arrivée en NBA. Devin Booker est le *franchise player* des Suns, son présent et son avenir, et ça se confirme cette année dans les résultats de la franchise de l'Arizona. Après un début de saison satisfaisant, voire surprenant (6 victoires - 4 défaites en 10 matchs), une blessure à l'avant-bras droit l'éloigne pendant 3 matchs à la mi-décembre alors que Phoenix était à une victoire d'un bilan à l'équilibre. Pendant son absence, les Suns enchaînent 3 défaites, et le temps qu'il se remette en route à son retour, ils en engrangent 4 de plus pour une série totale de 8 revers. Scoreur incroyable, capable de prendre feu et de rentrer des shoots de loin et en pénétration dans toutes les positions, son rendement est récompensé par une première sélection au All Star Game après le forfait de Lillard, qui ira même jusqu'à l'adouber pour le remplacer.

Avec un bilan de 26 victoires pour 39 défaites avant l'interruption de la saison, les Suns affichent un pourcentage de victoires tout rond de 40 % ; ils n'avaient plus atteint un aussi haut pourcentage depuis la saison 2014-2015, juste avant l'arrivée de Booker, qui lui a connu des années faméliques à ce niveau-là (26,5 % de victoires avec Phoenix de 2015 à 2019). Une dernière chance d'atteindre les playoffs a été offerte aux Suns sur un plateau par la NBA. Invité dans la bulle d'Orlando, Devin Booker en a tiré le maximum. Après Damian Lillard, il est le 2ᵉ MVP du *restart* de la saison : 30,5 points à 50,3 % de réussite, 6 passes et 5 rebonds. Les Suns sont les seuls à être invaincus sur leurs 8 matchs dans la bulle d'Orlando, à un cheveu de disputer les barrages face à Portland pour accéder aux playoffs. Quinze victoires de plus que l'année passée, de quoi lui donner encore plus faim... Les playoffs restent l'objectif d'une franchise qui peine depuis de nombreuses années à bâtir un projet sérieux à la reconquête d'un ticket pour la *postseason.* Après avoir signé à Devin Booker une prolongation de cinq ans en 2018, le temps presse pour les Suns s'ils ne veulent pas voir partir leur prodige qui, en l'espace de cinq saisons, a déjà marqué l'histoire de sa franchise.

MALCOLM BROGDON

27 ANS

MENEUR

7

CLUBS

PALMARÈS

Rookie de l'année (16-17)

Seulement trois ans d'expérience au compteur, mais Malcolm Brogdon était attendu dans l'Indiana au début de la saison comme le vétéran qu'il n'est pas encore. En provenance de Milwaukee avec un contrat de 85 millions sur 4 ans en poche, son expérience de la victoire, sa maturité et sa gestion du jeu étaient ce qu'il manquait aux Pacers pour se poser en outsider à l'Est. Car c'est bien là la tâche qui lui échoit : mener les troupes de l'Indiana à la conquête du haut du tableau de la Conférence Est malgré l'absence pour une bonne partie de la saison de leur pièce maîtresse, Victor Oladipo.

En plus de cette responsabilité de l'organisation du jeu, Malcolm Brogdon a retrouvé son poste de meneur ; ça tombe bien, c'est ce qu'il préfère et il n'a pas tardé pas à le prouver. Sur les huit premiers matchs de la saison, il en boucle cinq à plus de 10 passes. Sur la totalité de l'exercice, en ne jouant que 2 minutes de plus en moyenne que la saison passée, il délivre presque 4 passes décisives de plus ! Le rookie de l'année 2017 n'a pas mis longtemps à impressionner le *front office*, le *coaching staff* et plus important, ses coéquipiers. Malcolm Brogdon ne force pas ses tirs, sait contrôler le tempo d'une équipe à l'effectif chamboulé à l'intersaison et qui a besoin de se (re)trouver une identité. Une « star » discrète donc, tant dans l'attitude que dans les stats, à l'inverse de son impact sur le terrain, notamment pour emporter la victoire (7 points en 2 minutes en fin de match face aux Lakers le 17 décembre ; 8 points et le rebond offensif décisif dans le *money time* face aux Sixers le 13 janvier). Un comportement tout dans la mesure et le contrôle, à l'image de son excellent pourcentage en carrière aux lancers francs (89,4), un exercice où sang-froid et patience sont maîtres mots (6 lancers réussis dans les 7 dernières secondes du match pour la victoire face à Boston le 11 décembre).

À Orlando, les Pacers ne sont pas dans les meilleures dispositions : Oladipo est revenu au jeu mais Sabonis est blessé et Malcolm Brogdon a contracté la Covid-19, souffrant de légers symptômes. Malgré ces obstacles, les Pacers ont accroché la 4e place à l'Est. Malcolm Brogdon a ensuite fait tout ce qu'il a pu pour éviter l'élimination face au Heat au premier tour : une sortie à 34 points, 14 passes et 7 rebonds dans le jeu 3 et 21,5 points et 10 passes de moyenne sur la série n'ont pas suffi à éviter le *sweep* de ses troupes, qu'il chapeautera encore la saison prochaine sous la direction d'un nouveau coach.

À l'écoute de ses coéquipiers, il veut les faire briller : une attitude qui se confirme dans le civil car Malcolm Brogdon est une voix qui porte également en dehors du terrain et des vestiaires. Il dédie son temps à des causes qui lui sont chères et est très impliqué dans les luttes sociales qui visent à améliorer la société américaine. Au premier plan des personnalités de la NBA du mouvement « *Black Lives Matter* », il déclarait déjà en mai 2019 au site *The Undefeated* : « Le basketball, c'est mon travail, je l'adore. C'est un rêve. Mais honnêtement, ma passion dans la vie ce n'est pas le basket. C'est aider les autres, et me servir des ressources que j'ai obtenues grâce au basket. »

JAYLEN BROWN

24 ANS

ARRIÈRE
AILIER

7

CLUB

PALMARÈS

X2 Joueur de la semaine

Après le départ de Terry Rozier pour Charlotte, Jaylen Brown a retrouvé la place dans le cinq majeur qui était la sienne en 2017-2018. Passé cette saison de 6e homme à *starter* indiscutable, il incarne avec Jayson Tatum le futur des C's. Un futur qui a un prix : 107 millions sur 4 ans à partir de 2020-2021. Mais cette saison, le 3e choix de la draft 2016 a bien honoré la signature de son gros contrat de l'été dernier. Comme Tatum, lui aussi 3e choix de sa draft mais une saison plus tard, Jaylen Brown aurait pu prétendre au titre du *Most Improved Player*. Toutes ses stats ont augmenté, de ses points (de 13 à 20,3), à ses rebonds (de 4,2 à 6,4), sans oublier les interceptions, les passes et surtout sa réussite aux tirs, aux lancers et à trois points !

Au-delà des chiffres, c'est par sa maturité et son contrôle que Jaylen Brown a rassuré, après une saison 2018-2019 inquiétante. Baisse de rendement par rapport à sa saison *sophomore*, motivation suspecte, on craignait que le talent de Jaylen Brown n'ait atteint son palier et qu'il ait du mal à accepter les ajustements qu'un roster NBA connaît invariablement au cours d'une saison. Signe d'un nouveau départ, son retour dans le cinq et l'arrivée de Kemba Walker à la mène dans un style de leadership diamétralement opposé à celui de son prédécesseur Kyrie Irving l'ont vu s'épanouir comme jamais, à l'image de Jayson Tatum. Il bat notamment ses records de points (34), de passes (8) et a délivré des perfs impressionnantes tout au long de la saison. Après un début d'exercice et deux mois plus aboutis que l'ensemble de sa saison passée (19,8 points, 7 rebonds à 50,4 % aux tirs) le jour de Noël, il ne fait aucun cadeau aux Raptors : 30 points, 6 rebonds, 4 passes à près de 77 % aux tirs et 5/7 à trois points ! Retour de fête le 27 décembre face aux Cavs avec 34 points, 9 rebonds et 5/10 de loin, et un cadeau pour le récompenser, celui du trophée de joueur de la semaine qu'il partage avec Brandon Ingram à l'Ouest, lui aussi drafté en 2016 (voir par ailleurs). Une telle première partie de saison le place logiquement dans la course au All-Star Game, mais dans l'esprit des votants, cela reste compliqué d'avoir trois *spots* pour les Celtics au All-Star weekend. La semaine où les remplaçants sont annoncés, Jaylen Brown frôle donc sa première sélection au profit de Kemba Walker et Jayson Tatum, mais il met bel et bien la main sur son deuxième trophée de joueur de la semaine, et ce une semaine avant que Tatum ne se voie décerner cette même récompense. Un *dynamic duo* complémentaire qui peut compter l'un sur l'autre, à l'image du *buzzer beater* de Brown contre Houston le 29 février quelques secondes après que Tatum a cafouillé son lancer franc.

Auteur d'une campagne de playoffs pleine où il a encore montré qu'il était bien plus qu'une troisième option, l'une des stars de la NBA parmi les plus engagées dans les mouvements sociaux, au cœur des manifestations et des revendications pour une plus grande justice sociale aux États-Unis, Jaylen Brown est une figure déjà incontournable de la Ligue.

JIMMY BUTLER

31 ANS

AILIER

22

CLUBS

Chicago Bulls, Minnesota Timberwolves, Philadelphia 76ers, Miami Heat

PALMARÈS

X5 All-Star

X5 Joueur de la semaine

X1 Joueur du mois

Most Improved Player (14-15)

D'après son coach Erik Spoelstra, Jimmy Butler est un « *anti-analytic player* » : un joueur qui va à l'encontre des statistiques avancées et dont l'impact sur le terrain ne se mesure pas forcément avec une analyse poussée des feuilles de match. Il met ses tripes sur le parquet, une attitude qui carbure à un esprit de compétition et une éthique de travail exacerbés, et qui rejaillit sur ses coéquipiers. Car là où Jimmy « Bucket » passe, les franchises se surpassent. 2016-17, aux Bulls : 8e de l'Est, leur unique apparition en playoffs ces 5 dernières saisons. 2017-18, avec les Wolves : 8e de l'Ouest, seule apparition en playoffs de ces 16 dernières années. 2018-19 : 3e à l'Est avec les 76ers, demi-finales de conférence en 7 matchs face aux futurs champions. Et enfin, 2019-20 : premières finales NBA pour Miami depuis le départ de LeBron James en 2014.

Au sein de la fameuse et besogneuse « *Heat Culture* » dont on a tant entendu parler pendant les playoffs, Jimmy Butler est enfin dans un environnement où il se reconnaît et se plaît. Montrant l'exemple sur le terrain, dans le vestiaire et à la salle d'entraînement, il a fait office de véritable meneur d'hommes et de mentor. Cette saison, il n'a jamais autant distribué (6 passes par match) et récupéré de ballons (6,7 rebonds et 1,8 interception, 7e de la NBA). Élu Joueur de la semaine le 9 décembre après une semaine bien chargée où il a notamment compilé 2 triple-doubles, il ne s'arrête pas là et comme réponse, il compile un 3e TD deux jours après avec 18 rebonds, record en carrière. Auréolé d'une 5e sélection au All-Star Game et d'une 3e nomination en carrière dans la All-NBA *3rd team*, le leader aux points, passes, interceptions, PER et *win shares* du Heat compte bien déjouer les pronostics dans la bulle d'Orlando.

Après avoir *sweepé* Indiana, haché menu Milwaukee et renvoyé les Celtics à leurs études, menant la fronde de ceux que l'on donnait perdants le « *King of the underdogs* » va défier le King James et son armée en finale. Diminué par une blessure à la cheville lors du match 1, perdu par le Heat, Jimmy Butler va se montrer encore plus *playmaker* qu'à son habitude en l'absence de Bam Adebayo et de Goran Dragić. Sans se précipiter ou paniquer, il va réussir un tour de force lors du match 3 des Finals en arrachant la victoire aux Lakers avec un triple-double exceptionnel : 40 points, 11 rebonds, 13 passes à 70 % de réussite ! Ce n'est que le 3e TD à 40 points dans l'histoire des Finals, et le 1er dans une victoire. Un round gagné face à LeBron James aussi : sur les 55 matchs de finales disputés par LBJ en carrière, Jimmy est le premier joueur à le dépasser aux points, rebonds et passes, en incluant tous les coéquipiers de James au fil des années. Jimmy Butler ressort un gros triple-double au match 5 (35 points, 12 rebonds, 11 passes et 5 *steals*) et remporte son duel avec LeBron dans le *money time* pour revenir à 3-2. Cramé par ses 43 minutes en moyenne en finale, il n'arrivera pas à peser autant sur le match 6 pour s'offrir un match 7 décisif.

Son état d'esprit après cette défaite ? De retour à la salle à peine 24 heures après la défaite du match 6. Apparemment, Jimmy Butler ne compte pas revenir sur sa parole : ramener le titre à Miami.

ANTHONY DAVIS

27 ANS

INTERIEUR

3

CLUBS

PALMARÈS

X1 Champion NBA (19-20)

X7 All-Star

X1 MVP du All-Star Game (17)

X7 Joueur de la semaine

X2 Joueur du mois

X3 Meilleur contreur de la saison (13-14, 14-15, 17-18)

Depuis sa draft en première position en 2012, en Louisiane, Anthony Davis a eu le temps de progresser, de s'imposer comme l'un des meilleurs intérieurs de la NBA, de sentir monter sa frustration (13 matchs de playoffs seulement en 7 ans) et finalement d'avoir une envie très forte d'aller voir ailleurs. Il manquait un All-Star aux côtés de King James pour ramener les Lakers sur la plus haute marche. Après plusieurs rebondissements, Anthony Davis l'a rejoint à l'été 2019. Après avoir cédé son numéro 23 à LeBron James et endossé le 3, c'est un AD épanoui, en pleine possession de ses moyens et qui s'éclate dans sa nouvelle relation avec son meneur LeBron James, que nous avons retrouvé sous le maillot des Lakers.

Davis n'attend pas longtemps avant de poser son empreinte sur la saison, sa nouvelle franchise et l'histoire de la NBA, le tout en un seul match. Élu joueur de la semaine début novembre, il compile le 29 octobre contre Memphis un double-double monumental à 40 points et 20 rebonds en moins de 31 minutes, une première depuis l'instauration des 24 secondes en 1954-55 ! Ses 26 lancers réussis (sur 27 tentatives) sont le plus gros total de la saison et un record de franchise. Un mois plus tard, nouvelle distinction individuelle de meilleur joueur de la semaine après une autre excellente série (du 3 au 12 décembre : 35 points, 8 rebonds, 2 contres de moyenne à 63,3 %) ponctuée par une pointe à 50 points à 20/29 face aux Wolves le 8 décembre. Pour ses retrouvailles avec les Pelicans, Davis ne fait pas le sentimental : 41 points, 9 rebonds le 27 novembre ; 46 points, 13 rebonds à 3/5 à trois points le 3 janvier ; 21 points, 14 rebonds et 6 contres le 25 février. Entre ces deux dernières victoires, Anthony Davis avait par ailleurs honoré sa septième sélection All-Star d'affilée.

4e PER de la NBA, *win shares* et ratio défensif de toute la Ligue, avec ses 26 points par match à 50,3 % aux tirs et 84,6 % aux lancers, le *big man* le plus complet de la NBA n'est pas qu'un scoreur incroyable, aussi facile près du cercle qu'à longue distance. Ses prouesses en attaque décrites plus haut ne doivent pas éclipser la domination en défense du triple meilleur contreur de la Ligue, encore 3e cette saison (8 et 7 blocks, 2e et 3e plus grosses perfs de l'année). 2e aux votes du Défenseur de l'année, il intègre à l'issue de l'exercice 2019-20 la All-NBA *1st team* et la All-Defensive *1st team*, comme Giánnis. AD a prouvé qu'il était l'un des meilleurs *two-way players* de la Ligue avec Giánnis et Kawhi, soit les trois seuls joueurs qui apparaissent dans le top 10 des votes du MVP et du Défenseur de l'année.

Ce profil à double tranchant a fait des ravages en playoffs. 28,8 points à 57,1 % de réussite et 9,3 rebonds sur les trois premiers tours, et surtout ce *buzzer beater* dans le match 2 des finales de conférence face à Denver, un trois points sur l'aile gauche pris à 2 secondes de la fin. Il enchaîne sur deux gros matchs en s'amusant de la défense de zone du Heat pour lancer les Finals (34 points, 9 rebonds, 5 passes, 3 contres puis 32 points et 14 rebonds) avant de basculer sur un profil plus défensif pour contenir Jimmy Butler et Bam Adebayo (4 puis 3 contres aux matchs 4 et 5). Athlète et basketteur complet, Anthony Davis devient après un ultime double-double dans le match 6 (19 points et 15 rebonds) le premier basketteur à remporter à la fois les titres NCAA, NBA, olympique et de champion du monde.

DeMAR DeROZAN

31 ANS

ARRIÈRE
AILIER

10

CLUBS

TORONTO RAPTORS

SAN ANTONIO SPURS

PALMARÈS

X4 All-Star

X11 Joueur de la semaine

X3 Joueur du mois

S'il fallait décrire DeMar DeRozan en un mot, ce serait « constant » : depuis 2010-2011, soit sa deuxième saison dans l'élite, le natif de Compton en Californie a démarré tous ses matchs. Cette saison, ses stats affichent la même efficacité, avec toujours aussi peu de déchet dans son jeu. Mieux, il a même su affiner son rendement après une première année d'adaptation au basket *made in Spurs*. À temps de jeu similaire, il a scoré presque 1 point de plus par match tout en améliorant de 5 % sa réussite aux tirs, passant de 48,1 % à 53,1 %, soit son meilleur pourcentage en carrière ! Et tout cela en shootant moins (presque deux tentatives de moins par match). S'il fallait chipoter, on regarderait ses moyennes à la passe (5,6 contre 6,2 la saison passée), aux rebonds (5,5 contre 6) et son pourcentage en berne à trois points (25,7 % de réussite), une anomalie dans la NBA d'aujourd'hui, et encore plus à son poste : seulement 9 tirs inscrits derrière l'arc cette saison, quand d'autres en scorent autant en un seul match…

DeMar DeRozan est pourtant une valeur sûre pour l'attaque des Spurs, qui avaient bien besoin d'un scoreur de son calibre. Depuis n'importe quel endroit du parquet (sauf à trois points, on aura compris), par le biais de *jump shots* à mi-distance – sa spécialité – ou d'envolées au cercle graciles ou puissantes, il a montré qu'il n'avait rien perdu de cette capacité à se créer son shoot en toutes circonstances, dont il avait fait étalage lors de ses neuf saisons à Toronto. Un mois de janvier de feu (26,7 points à 56,6 %, 6,9 rebonds et 5,9 passes) lui permet de récolter un trophée de joueur de la semaine ; cela faisait près de deux ans qu'il n'avait plus été distingué de la sorte. Le début de saison mitigé des Spurs le fera cependant passer à côté d'une cinquième étoile. À l'image de Bradley Beal, il méritait certainement une place chez les remplaçants au All-Star Game.

La question se pose : est-il un véritable *franchise player* ou plutôt un lieutenant de luxe ? L'interrogation est légitime. La sauce n'a pas vraiment pris avec LaMarcus Aldridge ; pire, ils semblent occulter le développement des jeunes joueurs dans une équipe qui penche de plus en plus vers le *small ball*. DeMar DeRozan a tordu le cou à ce genre de critiques récurrentes à son encontre en s'en remettant à ses jeunes coéquipiers et en se montrant *clutch* à plusieurs reprises, notamment dans les fins de matchs joués dans la bulle d'Orlando (on fermera les yeux sur son lancer raté en fin de match face aux Bulls fin janvier). Malheureusement, cela n'a pas empêché San Antonio de finir à la 11e place de la Conférence Ouest et donc de rater les playoffs pour la première fois depuis la saison 1996-1997. Leader d'une bande de « pitbulls sauvages courant dans tous les sens », selon ses propres mots, ces jeunes Spurs pleins d'énergie et d'envie pourraient lui faire vivre une seconde jeunesse après onze saisons en NBA et lui permettre de prolonger l'aventure à San Antonio.

SPENCER DINWIDDIE

27 ANS

MENEUR

26

CLUBS

DETROIT PISTONS

NETS BROOKLYN

PALMARÈS

X1 Joueur de la semaine

À la suite de l'annonce de la signature durant la *free agency* de ces deux mastodontes du *scoring* que sont Kevin Durant et Kyrie Irving, on pouvait se demander comment Spencer Dinwiddie allait s'épanouir dans le *roster* new look des Nets. Car Spencer Dinwiddie est un personnage à part et difficile à cerner dans le microcosme de la NBA. En vrac cette saison, il a annoncé : vouloir convertir l'argent de son contrat en monnaie virtuelle, sans succès, puis en produits de placement ; avoir lancé une cagnotte en ligne pour déterminer sa possible future équipe à l'intersaison 2021 (sans succès également) ainsi qu'une procédure pour obtenir un passeport nigérien (et ainsi participer aux prochains JO dans la sélection africaine)… Après le décès de Kobe Bryant le 26 janvier, il décide comme nombre de ses pairs de ne plus porter le n°8 et opte à la place pour le n°26. Côté parquets, Spencer Dinwiddie n'a pas été intimidé par l'arrivée de Kyrie Irving à l'intersaison, au contraire ! Avec 20,6 points et 6,8 passes de moyenne, Spencer Dinwiddie est le deuxième marqueur derrière l'ancien Celtic et le meilleur passeur de Brooklyn. Serait-ce lui le vrai boss des Nets ?

Propulsé dans le cinq de départ en l'absence d'Irving sur blessure dès le 16 novembre, il porte son équipe sur ses épaules : 24,8 points et 7,2 passes en l'absence du meneur champion 2016. Vrai leader, *clutch* en fin de match, Spencer Dinwiddie a montré qu'il voulait – et savait – prendre le match à son compte dans les moments chauds ! Exemples : le 16 novembre, pour son premier match en tant que titulaire en l'absence d'Irving, 24 points à 14/15 aux lancers, victoire grâce à ses 20 points dans les 9 dernières minutes. Du 20 au 24 novembre, il mène les Nets à leur première série de 3 victoires de la saison à l'issue de laquelle il est nommé joueur de la semaine pour la première fois de sa carrière. Spencer Dinwiddie a pris les rênes de l'équipe et il ne les lâchera pas ! Le 8 décembre, il plante le panier de la gagne face à Denver ; dans la deuxième moitié du mois de décembre, il tourne carrément à 30,4 points de moyenne en battant son record à la marque au passage (41) ; contre le Heat le 10 janvier, il bat son record de passes décisives (14). On se prend à rêver : le All-Star Game, ce sera peut-être encore un peu juste pour cette année. Une place de titulaire au retour de blessure de Kyrie à la mi-janvier, idem. L'association ne prend pas vraiment et au bout de 5 matchs, il retrouve brièvement son poste de sixième homme avant que la saison du meneur All-Star ne soit définitivement finie à partir du 3 février (épaule droite), date à laquelle Spencer Dinwiddie réintègre le cinq majeur.

Les Nets sont néanmoins trop irréguliers et minés par les blessures pour espérer mieux qu'une 7e place et un *sweep* au premier tour des playoffs face aux Raptors (il est absent de la bulle d'Orlando après avoir contracté la Covid-19 fin juin). Avec le retour de Kyrie Irving et les débuts de Kevin Durant sous le maillot des Nets, serait-ce un futur à la Lou Williams qui attend Dinwiddie, un sixième homme à l'efficacité redoutable et véritable âme de son équipe ?

LUKA DONČIĆ

21 ANS

ARRIÈRE
AILIER

77

CLUB

PALMARÈS

X1 All-Star

X1 Joueur de la semaine

X1 Joueur du mois

Rookie de l'année (18-19)

Le meilleur joueur de l'histoire à vingt ans ? Dès le début de la saison et jusqu'au 28 février, jour de ses vingt et un ans, cette question n'a cessé d'être posée. À raison ! Dans sa deuxième saison NBA, le prodige slovène tourne presque en triple-double de moyenne. De 21,2 points, 6,6 rebonds et 7,8 passes, il est monté cette saison à 28,8 points, 9,4 rebonds et 8,8 passes et a battu nombre de ses records personnels, des marques déjà exceptionnelles pour un rookie : points (42), passes (19, meilleure perf de la saison ex æquo avec LeBron James), rebonds (20), trois points réussis (8). Quand LeBron James bat des records de longévité (voir par ailleurs), la nouvelle idole de la Ligue continue elle de battre des records de précocité. Des perfs historiques qui ont grandement contribué au succès des Mavericks qui ont retrouvé les playoffs après trois saisons d'absence. Loué pour son étonnante vision du jeu, le Slovène possède comme un sixième sens qui lui permet d'anticiper et de lire entre les lignes des défenses. En allant défier son défenseur ou en trouvant un coéquipier démarqué plusieurs mouvements à l'avance, Luka Dončić a permis à une équipe de Dallas moyenne de monter de la 14e à la 7e place en une seule saison.

Luka Dončić est l'un de ces joueurs qui savent adapter leur jeu aux conditions de match et imposer leur propre rythme. Sa présence sur tous les fronts peut se mesurer à son rendement dans la catégorie des triple-doubles. Avec 17 « TD » cette saison, il est en tête du classement devant James (13) et Jokić (13 aussi) et devient le plus jeune joueur de l'histoire à réaliser cette prouesse. Morceaux choisis : le 3 novembre, record de précocité battu après deux triple-doubles en scorant 25 points ou plus. Le 20, il compile 22 points (à 5/6 derrière l'arc), 5 rebonds et 5 passes dans le seul premier quart-temps du match l'opposant aux Warriors et devient à l'issue de cette gifle infligée aux derniers finalistes (48 points d'écart) le premier joueur de l'histoire de la NBA à compiler un triple-double à 35 points ou plus en 25 minutes ou moins. Élu joueur de la semaine et du mois de novembre, il finit le premier mois complet de compétition en TD de moyenne (32,4 points, 10,3 rebonds et 10,4 passes), un exploit uniquement réussi par les spécialistes du genre, Oscar Robertson et Russell Westbrook. Invité à son premier All-Star Game en compagnie de l'autre grand rookie de 2018, Trae Young (voir par ailleurs), « Wonderboy » a délivré une saison complète (3e passeur, 6e marqueur et 3e PER de la Ligue) déjà digne d'un trophée de MVP (4e des votes) mais pour le moment saluée par une première sélection dans le meilleur cinq majeur de la Ligue. Le meilleur rookie de la saison passée arrive aussi 3e aux votes de la meilleure progression. Il reste évidemment des points d'amélioration dans son jeu, comme son adresse à trois points et ses balles perdues (4,3 par match, dans le top 5 de la NBA).

Dončić a commencé très fort ses premiers playoffs avec 70 points sur ses deux premiers matchs (record historique). Au match 4, il délivre un récital : *buzzer beater* pour la victoire en prolongation avec un triple-double à plus de 40 points (43 points, 17 rebonds, 13 passes à 58,1 % de réussite). Le tout avec une cheville gauche mal en point ! Il termine sa première campagne de playoffs au bout de six matchs, mais avec des chiffres encore plus impressionnants que ceux de sa saison : 31 points, 9,8 rebonds et 8,7 passes à 50 % aux tirs. Quel plaisir, et dire que l'on n'a vu que deux saisons NBA de sa part…

ANDRE DRUMMOND

27 ANS

PIVOT

3

CLUBS

PALMARÈS

X2 All-Star

X5 Joueur de la semaine

X4 Meilleur rebondeur de la saison (15-16, 17-18 18-19, 19-20)

Meilleur rebondeur pour la 4e saison d'affilée et 3e meilleur intercepteur ex aequo avec Fred VanVleet des Raptors, Andre Drummond est l'un des derniers *big men* de la Ligue, une espèce en voie de disparition dans la NBA moderne qui joue davantage au large et où les postes ne sont plus aussi clairement définis qu'autrefois. Un été studieux, l'absence de Blake Griffin en début de saison puis à partir de la fin décembre, une plus grande confiance de son coach, un sentiment d'urgence pour ce pivot de vingt-sept ans dans son « *prime* » (8 matchs de playoffs seulement en huit saisons), un contrat qui arrive bientôt à expiration... Autant de raisons qui peuvent expliquer la bonne forme d'Andre Drummond. Démonstration dès le premier match de la saison face à Indiana : 32 points, 23 rebonds (dont 7 offensifs !), 4 contres, 3 interceptions. Sur les 49 matchs joués avec Detroit, il tourne à 17,8 points (record en carrière) et 15,8 rebonds. Son rendement dans la raquette est à l'image de sa carrure : imposant. Sur 57 matchs, il engrange 47 double-doubles aux points et aux rebonds, dont 12 matchs à 20 rebonds ou plus et seulement 7 matchs à moins de 10 rebonds !

À la surprise générale (et à la sienne), il est envoyé à Cleveland début février. Son intégration s'y est avérée compliquée : le 9 février, pour son premier match avec sa nouvelle équipe, les Clippers infligent à Cleveland la pire défaite de l'histoire de la franchise à domicile. Une correction très gênante qui a fait passer au second plan ses débuts avec les Cavaliers ainsi que son (petit) record en carrière à trois points (2/3). Outre son acclimatation à une nouvelle ville et à de nouveaux coéquipiers, il a également dû gérer l'arrivée d'un nouveau coach deux matchs seulement après ses débuts avec les Cavs. Une blessure au mollet lui a ensuite fait manquer quelques rencontres avant que la Ligue ne se mette en pause prolongée. Même si son temps de jeu a baissé avec les Cavs (5 minutes de moins par match qu'à Detroit), il a tout de suite intégré le cinq de départ en lieu et place de Tristan Thompson. À noter, une grosse performance face aux Spurs (28 points, 17 rebonds, 3 contres) pour une victoire en prolongation qui a rassuré quant à sa capacité d'adaptation.

Choqué de son transfert à Cleveland, il devrait malgré tout y rester encore une saison, ne serait-ce que pour des raisons pécuniaires : il est en effet assuré de toucher sa dernière année de contrat signé avec Detroit pour peu qu'il active sa « *player option* ». Andre Drummond est certes une présence imposante dans la raquette, mais sa palette offensive reste limitée, même si on l'a vu remonter la balle en vitesse en transition et créer le jeu à de nombreuses reprises cette année. Associé à cet autre spécialiste du rebond et du double-double qu'est Kevin Love, il serait bien avisé de s'inspirer de la propension de ce dernier à s'écarter et tirer de loin, histoire de devenir un véritable pivot des temps modernes et une menace globale.

JOEL EMBIID

26 ANS

PIVOT

21

CLUB

PALMARÈS

X3 All-Star

X4 Joueur de la semaine

X1 Joueur du mois

Le pivot camerounais voulait connaître une saison pleine et sans pépins physiques ; il a dû revoir rapidement sa copie. Avec quatre absences sur les onze premiers matchs de Philly, Joel Embiid est encore fragile physiquement (encore 22 matchs manqués cette saison) mais pas mentalement, loin s'en faut, au vu de l'empoignade de *big men* avec Karl-Anthony Towns lors du quatrième match de saison régulière. Une bagarre soldée par une expulsion en haranguant les fans des 76ers et une suspension de deux matchs. Malgré des stats en baisse, un corps récalcitrant, une association avec Horford qui n'a pas fonctionné et celle avec Simmons qui bat de l'aile, Joel Embiid reste le cœur et l'âme des 76ers.

Moins dominateur cette saison sur les parquets, « JoJo » a quand même été encore une fois le point d'ancrage principal de l'attaque de Philadelphie. Avec 4 minutes de jeu en moins, ses moyennes aux points et aux rebonds chutent (4,5 points et 2 rebonds de moins qu'en 2018-2019). Cependant, il est de nouveau le meilleur marqueur et rebondeur des 76ers (comme à chaque saison depuis ses débuts en NBA en 2016), et a même assuré que ce petit coup de mou statistique était en partie dû au fait qu'il essayait de trouver le bon équilibre entre professionnalisme et plaisir. Car le fruit du « Process » a un nouvel objectif en tête : inscrire son nom dans l'histoire de la Ligue dans la grande lignée de ses prédécesseurs à ce poste, quand bien même certains de ses aînés (Shaquille O'Neal et Charles Barkley en tête) le critiquent et que l'intéressé prend moins de plaisir sur le terrain. Réveillé par cet état de fait, Joel Embiid se reprend dès la mi-décembre en s'imposant face à des candidats sérieux (38 points, 13 rebonds, 6 passes et 2/3 à trois points chez Boston le 12 décembre ; 31 points et 11 rebonds contre Milwaukee le jour de Noël). Certes moins dominateur cette saison par rapport à ce qu'il a pu montrer les années passées, cette baisse de forme chronique ne l'a pas non plus empêché de poser des matchs de mastodonte au lendemain de sa troisième participation au All-Star Game, comme ses 39 points et 16 rebonds le 20 février (victoire contre Brooklyn) ou encore ses 49 points – record en carrière – et 14 rebonds le 24 février (victoire contre Atlanta). Habile à mi-distance, en puissance au poste bas et même parfois à trois points, Joel Embiid a montré qu'il n'avait peur d'aucun vis-à-vis en attaque comme en défense et d'aucune équipe, et que son plus grand ennemi, celui qui pouvait le faire sortir de son match et de son rôle, c'était lui-même.

Malgré une (courte) campagne de playoffs lors de laquelle il s'est démené (30 points et 12,3 rebonds de moyenne, dont 41 points et 21 rebonds contre Indiana le 1er août), l'ennemi historique Boston élimine ses 76ers en 4 matchs secs au premier tour. Après une saison en dents de scie, des ajustements seront nécessaires pour la direction des Sixers afin que la plus grande promesse de ces dernières années s'épanouisse pour de bon.

EVAN FOURNIER

28 ANS

ARRIÈRE
AILIER

10

CLUBS

Après un été auréolé d'une médaille de bronze à la Coupe du monde, Evan Fournier et le Magic d'Orlando ont connu un début de saison à retardement. Une nouvelle dynamique, basée sur des habitudes anciennes et un effectif stable, a fini par s'installer du côté d'Orlando ; le binôme avec Vučević étant une machinerie bien huilée et Markelle Fultz s'occupant davantage de la distribution, Evan Fournier a pu cette saison se concentrer sur le *scoring* pour amener de nouveau le Magic en playoffs. Passant autant de temps en moyenne sur le parquet que la saison passée (31,5 minutes), mais avec juste un petit shoot supplémentaire tenté et réussi par match, c'est suffisant pour augmenter sensiblement sa moyenne au *scoring*. Evan Fournier a tourné cette saison à 18,5 points par match, soit trois de plus que la saison passée. C'est à ce jour sa meilleure copie rendue en carrière dans cette catégorie, avec en sus de très bons pourcentages de réussite (près de 47 % aux tirs et 40 % à trois points) et des grosses perfs : il a notamment égalé son record aux points (32 face aux Warriors le 1er décembre) et est le meilleur shooteur à trois points du Magic (39,9 %).

Après une entame décevante au vu de leur fin de saison précédente (2 victoires-6 défaites sur les 8 premiers matchs), Evan Fournier a enchaîné une belle série à 21 points et 5,4 passes de moyenne à 61,3 % à trois points du 8 au 17 novembre (4-1) pour lancer, enfin, la saison d'Orlando – bien épaulé en cela par son compère Nikola Vučević, élu joueur de la semaine sur cette période (voir par ailleurs). Le n° 10 du Magic a continué sur sa lancée et, en l'absence de Vučević sur blessure jusqu'à la mi-décembre, a pris le leadership de l'équipe à bras-le-corps en tournant à plus de 24 points par match. Points d'orgue de ce coup de chaud, 30 points le 27 novembre face aux Cavs, puis deux matchs de suite à plus de 30 points début décembre. Du 27 novembre au 6 décembre, avec des moyennes All-Star (25,2 points à 52 % aux tirs et 48,9 % derrière l'arc), Evan Fournier a aidé Orlando à atteindre l'équilibre (11-11). S'ensuivra une deuxième moitié de saison plus mitigée d'un point de vue collectif mais aboutie d'un point de vue individuel. Son apport au *scoring* est une évidence dans la réussite du Magic : 3-1 quand Fournier score 30 points ou plus et un implacable bilan de 9 victoires pour 2 défaites quand il shoote à 60 % ou plus de réussite. Par ailleurs, Orlando ne se repose pas uniquement sur les qualités de scoreur du Français et s'en remet régulièrement à sa « *clutchitude* ». Les exemples sont nombreux : le 15 novembre face aux Spurs (le trois points à 1,15 de la fin pour prendre l'avantage puis le lancer de la victoire) ; le 1er décembre face aux Warriors (*layup* en pénétration à 10 secondes de la fin) ; le 27 décembre face aux 76ers (9 de ses 20 points dans les 8 dernières minutes) ; le 13 janvier face aux Kings (passe décisive en plein tir en *fadeaway* à Aaron Gordon pour le panier de la gagne à 1 seconde de la fin).

Malgré une reprise « à domicile » dans la bulle d'Orlando compliquée qui n'a pas reflété l'apport du Français à la franchise de Floride, Evan Fournier a montré une fois de plus qu'il était un élément essentiel à la réussite de son équipe.

DE'AARON FOX

22 ANS

MENEUR

5

CLUB

Voici l'auteur de l'un des coups les plus culottés de l'année. C'était le 27 janvier dernier, chez les Wolves. Les Kings ont encore 2 points de retard à 4,7 secondes du buzzer. Sur la ligne des lancers, Fox rate intentionnellement sa deuxième tentative en lançant un missile à trajectoire horizontale dans l'arceau ; dans son élan, il prend son propre rebond et égalise en déposant la balle du bout des doigts dans le cercle. Victoire de Sacramento en prolongation. Une inspiration géniale qui résume parfaitement son profil : sang-froid, flair, rapidité de réaction et d'exécution. Nouveau visage des Kings avec son compère artilleur Buddy Hield, le meneur gaucher le plus rapide de l'Ouest s'est bel et bien imposé comme le patron de l'équipe de la capitale de la Californie au bilan décevant (43,1 % de victoires contre 47,6 % la saison passée).

Son début de saison a été compliqué : les Kings ont entamé l'exercice 2019-2020 avec 5 défaites, puis une blessure à l'entraînement à la mi-novembre à la cheville gauche l'écarte des parquets pendant un mois. Pendant sa convalescence, les hommes de Sactown remportent plus de matchs qu'ils n'en perdent (9 victoires pour 8 défaites). À son retour, les Kings alignent de nouveau 5 défaites de suite. Il ne goûtera à nouveau à la victoire qu'au début 2020. Un parcours en dents de scie qui leur coûtera cher quelques mois plus tard. Malgré un pourcentage en grosse baisse cette saison derrière l'arc (29,2 % de réussite contre 37,1 % la saison dernière) et quelques déchets dans son jeu (légèrement plus de balles perdues et de fautes personnelles), De'Aaron Fox a quand même trouvé le moyen de scorer davantage (quasiment 4 points de plus par match) en allant s'amuser avec les défenses adverses *in the paint*. Cette saison, il a en effet fini plus souvent ses actions au cercle (169 fois) que dans la zone située à un mètre du panier jusqu'à la ligne à trois points (168 fois). Il est vrai que sa vitesse exceptionnelle, sa détente, son explosivité, son toucher et sa maîtrise technique (notamment celle du « *euro-step* ») lui permettent de convertir 66,5 % de ses tentatives de finition près du panier, dont quelques beaux *poster dunks* tout en puissance.

Leader des Kings aux points, aux passes et aux interceptions avant l'interruption due à la pandémie, son retour au jeu dans la bulle d'Orlando a été à l'image de son début de saison : efficace d'un point de vue personnel, mais compliqué sur le plan collectif. Un collectif d'ailleurs parmi les plus impactés par la crise sanitaire et ses conséquences (quatre joueurs infectés avant le *training camp*, un autre suspendu pour avoir quitté la bulle). Seul à la barre d'une équipe esseulée, Fox retrouve brièvement son jeu et ses sensations (26,2 points, 7,3 passes en 6 matchs) avant que son épaule gauche douloureuse ne le force à jeter l'éponge pour les deux derniers « *seeding games* ».

PAUL GEORGE

30 ANS

ARRIÈRE
AILIER

13

CLUBS

PALMARÈS

X6 All-Star

X8 Joueur de la semaine

X4 Joueur du mois

Most Improved Player (12-13)

X1 Meilleur intercepteur de la saison (18-19)

Né à Palmdale, en Californie (où il a joué au lycée), puis passé pendant deux ans par la fac de Fresno State (l'université d'État de Californie) où son maillot a été retiré au début de la saison, Paul George est de retour à la maison après sept saisons dans l'Indiana (4 sélections All-Star, MIP en 2013) et deux dans l'Oklahoma (2 sélections). Au cœur du transfert fracassant mettant fin au projet d'OKC et désormais associé à Leonard, à un coach expérimenté et à un effectif soudé et combatif, son arrivée à Los Angeles – des origines californiennes qu'il partage avec Kawhi Leonard, natif de LA – a dans la minute fait des Clippers un potentiel candidat au titre. Et il y avait de quoi faire peur : le dernier MVP des Finals et double meilleur défenseur de l'année associé au numéro 3 des votes pour le MVP l'année dernière... Sans oublier son statut de 2e meilleur scoreur (28 points par match) et de meilleur intercepteur de la saison passée ainsi que ses sélections dans la All-NBA *1st team* et dans le 1er cinq défensif.

Finissant de se remettre de ses opérations aux épaules, Paul George manque le début de saison et fera sa première apparition sous la tunique bleue, blanche et rouge à la mi-novembre. Ses trois premiers matchs sont plus que rassurants quant à son état de santé et à sa forme, surtout qu'il n'a pas pu compter sur la présence de Kawhi pour sa grande première. 33 points, 9 rebonds et 4 passes en 24 minutes (défaite face aux Pelicans), puis 37 points (en à peine 20 minutes !) à 6/11 à trois points pour un véritable massacre des Hawks (+ 49 !). Ensuite, le trois points et les lancers de la gagne face au Thunder... Les Clippers foncent alors sur un mois de domination : 13 victoires et 3 défaites avec une autre grosse sortie de PG-13 le... 13 décembre à 46 points et 7 passes à Minnesota. Le 13 lui porte chance, dirait-on...

Souffrant d'un rythme haché à cause de ses blessures (rétablissement de ses épaules en début de saison, blessure à la cuisse en janvier et février) puis du « *load management* » de Kawhi Leonard, les automatismes ont pris du temps à se mettre en place entre les deux All-Stars. Malgré un rendement en baisse, Paul George a montré à de nombreuses reprises cette saison qu'il restait capable de sorties de haut vol au *scoring* et en défense, comme en attestent ses 46 points face aux Wolves le 13 décembre (à 2 points de son record en carrière) ou ses 6 ballons volés aux Mavs le 26 novembre. L'autoproclamé « Playoff P » a en revanche eu plus de mal à convaincre et a pris du temps à confirmer son surnom lors de la *postseason* à Orlando. Il ne s'en est pas caché, Paul George a souffert d'une légère dépression dans cette atmosphère si particulière de la bulle d'Orlando. Il a fallu attendre le match 5 contre de vaillants Mavericks pour le voir revenir à son meilleur niveau et survoler la rencontre avec 35 points en à peine 25 minutes pour un résultat sans appel (+ 43 pour LA). Une première saison dans sa région natale au goût d'inachevé après cette défaite au second tour des playoffs face à Denver. On se rassurera en se disant que c'était une année d'adaptation et que le meilleur de cette aventure californienne est encore à venir.

SHAI GILGEOUS-ALEXANDER

22 ANS

ARRIÈRE

2

CLUBS

CLIPPERS

THUNDER

OKC peut se réjouir de la contrepartie obtenue en échange du transfert de Paul George chez les Clippers. En plus du toujours efficace Danilo Gallinari, Shai Gilgeous-Alexander s'est épanoui aux côtés de Chris Paul, qui lui vit une seconde jeunesse au Thunder (voir par ailleurs). Autre candidat plausible au titre de meilleure progression de l'année, le 11e choix de la draft 2018 a plus qu'honoré son contrat, passant de 10,8 à 19 points et de 2,8 à 5,9 rebonds par match pour près de 35 minutes de présence sur le parquet. Une deuxième année surprenante et assez inattendue, à l'image de la saison du Thunder. Et le natif de Toronto n'a pas fini de surprendre !

Car malgré son manque d'expérience, SGA est un élément essentiel du succès d'Oklahoma City cette saison. Il a mené son équipe au *scoring* (19 points de moyenne) devant les trois vétérans de l'équipe (Dennis Schröder, 18,9 ; Danilo Gallinari, 18,7 ; Chris Paul, 17,6). Il est également le deuxième intercepteur et rebondeur ainsi que le troisième passeur et contreur du Thunder. Avec seulement 3 matchs sous la barre des 10 points, son rendement et sa régularité ont joué un rôle majeur dans le succès d'OKC : 8 victoires -1 défaite quand il tourne en double ou triple-double, et même un joli 15-5 quand il cumule au moins 10 points et 8 passes. En parlant de triple-double, le 13 janvier, le *sophomore* cumule le premier TD de sa jeune carrière lors d'une performance historique : 20 points, 20 rebonds et 10 passes pour la victoire chez les Wolves. Le voilà en bonne compagnie dans l'historique de cette stat si particulière, car il devient le plus jeune joueur de l'histoire de la Ligue à compiler un triple-double de ce genre (20-20-10) avec 20 rebonds, rien que ça ! Le seul autre arrière à avoir compilé un TD à plus de 20 unités lors des trente dernières saisons ? Le spécialiste du genre et ancien de la maison Thunder, Russell Westbrook, évidemment. Avec Steve Nash, SGA est par ailleurs le seul autre Canadien à avoir compilé un triple-double en NBA.

Grâce à son large éventail de feintes de shoots et de passes, de faux départs, de changements de direction et de rythme, de dribbles et de finitions aussi acrobatiques qu'efficaces, Shaivonte l'humble, voire le discret, a aussi été l'artisan récurrent des retours tonitruants quand le Thunder a été mené au score, comme cela leur est arrivé à de nombreuses reprises cette saison. Attention à ce *smooth criminal* qui sait tuer un match l'air de rien avec sa gueule d'ange ! 11 points en prolongation face aux Wolves le 6 décembre, 14 dans le dernier quart face aux Blazers deux jours après, puis le panier de la gagne et le rebond défensif chez lui à Toronto le 30 décembre... L'un des meilleurs rookies de la cuvée Dončić-Young, au patronyme le plus long de toute la Ligue, a déjà une confiance folle en lui. Il peut compter sur un mentor de choix en la personne de Chris Paul pour le faire grandir et aider cette équipe du Thunder à déjouer de nouveau les pronostics pour faire mieux qu'une élimination en 7 matchs au premier tour des playoffs. Et pour SGA, pourquoi pas une sélection au All-Star Game pour commencer ?

RUDY GOBERT

28 ANS

PIVOT

27

CLUB

PALMARÈS

X1 All-Star

X1 Joueur de la semaine

X2 Meilleur défenseur (17-18, 18-19)

X1 Meilleur contreur de la saison (16-17)

Après avoir décroché le bronze avec l'équipe de France lors de la Coupe du monde durant l'été 2019, Rudy Gobert s'est mis en quête d'un 3e titre de défenseur de l'année qui lui tendait les bras, d'une première sélection au All-Star Game qui lui avait échappé de peu la saison passée et d'une aventure prolongée en playoffs après l'élimination en cinq manches au premier tour par Houston en avril 2019.

Quand bien même Rudy Gobert ne partage pas le profil de la majorité des intérieurs actuels de la Ligue – créateurs, dribbleurs, qui s'écartent au large pour tirer à trois points –, il sait se rendre utile et être ô combien efficace pour la mise en place des systèmes offensifs de son équipe et l'apport en attaque de ses collègues. Il est ainsi le spécialiste sans partage des « *screen assists* », ces fameux écrans clés pour libérer ses shooteurs. Ceux de Rudy Gobert ont rapporté cette saison 16 points par match à son équipe, le meilleur rendement de la Ligue ! D'un point de vue personnel, on a noté cette saison une évolution offensive de sa part, le pivot s'essayant à des *moves* plus techniques et réclamant davantage sa chance auprès de ses coéquipiers.

En grande forme dès le début de saison, les perfs gargantuesques de Rudy Gobert dans les raquettes à travers tout le pays (16,1 points et 15 rebonds de moyenne du 1er novembre à Noël) n'ont pas manqué de taper dans l'œil des votants du match des Étoiles. Cette fois, ça y est, Rudy Gobert a décroché sa première sélection au All-Star Game ! Adoubé par les coachs comme par ses confrères, il s'est fait plaisir à Chicago (21 points et 11 rebonds en 18 minutes) dans l'équipe de Giánnis. Après le All-Star Game, le reste de sa saison marque un coup d'arrêt (12,4 points et 9,2 rebonds du 21 février au 9 mars). Ses coéquipiers qui ne semblent plus le trouver en attaque, l'association avec Mike Conley qui n'a pas bien pris, si ce n'est en défense, et la belle entente avec Donovan Mitchell émaillée par la situation délicate dans laquelle le Français a été plongé à l'interruption de la saison… Le bilan est plus nuancé en mars qu'en janvier et occulte en partie l'excellente saison du pivot. Plus de 10 rebonds de moyenne rien qu'avec ceux cueillis en défense et plus de 3 rebonds offensifs pour une moyenne de 13,5 prises par match : 3e de la Ligue ex aequo et sa meilleure moyenne en carrière. 2 blocks par match : 5e meilleur contreur. Il est aussi derrière Brook Lopez celui qui a contesté le plus de tirs adverses. 3e aux votes du meilleur défenseur de la saison, il cède son trophée à la locomotive Antetokoúnmpo qui fait le doublé avec le titre de MVP (voir par ailleurs). Sans grande surprise, Rudy Gobert intègre quand même le 1er cinq défensif pour la quatrième saison d'affilée et le 3e meilleur cinq de la Ligue.

À la reprise de la saison dans la bulle, comme un symbole c'est lui qui offre la victoire au Jazz sur deux lancers francs réussis à 6 secondes de la fin. Face à Denver au premier tour des playoffs avec Nikola Jokić en vis-à-vis, le pivot des Rocheuses termine sa saison par une deuxième mi-temps du match 7 à la hauteur de ses prestations cette saison : 13 points, 17 rebonds et 2 contres, match décisif qui verra l'élimination des siens. Rudy Gobert entre dans la dernière année de son contrat avec le Jazz la saison prochaine, mais ce ne sera pas la dernière saison où on le verra dominer sous les panneaux, loin de là.

DEVONTE' GRAHAM

25 ANS

MENEUR

4

CLUB

Quelle ascension fulgurante que celle de Devonte' Graham ! Le 34e choix de la draft 2018 est l'une des plus grosses surprises de cette cuvée et de la saison. Une progression énorme qui l'aurait placé aux avant-postes de la course au trophée de MIP si les Hornets avaient compilé un meilleur bilan. Lors d'une saison rookie parsemée de plusieurs allers-retours en G-League, il n'avait joué que 46 matchs, en bout de chaîne derrière Kemba Walker et Tony Parker. Ses stats : 4,7 points, 2,5 passes, 34,3 % aux tirs et 28,1 % à trois points en moins de 15 minutes. Une première saison plutôt discrète, avec seulement 3 matchs dans le cinq de départ. Propulsé cette saison *starter* aux côtés de Terry Rozier, arrivé de Boston en échange de Walker, il a vu ses stats exploser : 63 matchs dont 53 dans le *starting five*, 18,2 points, 7,5 passes, 38,2 % aux tirs et 37,3 % à trois points ! Graham a joué près de 35 minutes par match et s'est vu confier plus souvent qu'à son tour le *scoring*, voire le sort du match, lui qui est tout simplement le meilleur marqueur et passeur des Hornets en pleine recherche d'identité dans cette nouvelle ère post Kemba Walker. Natif de Caroline du Nord, il joue à domicile et pourrait très bien être le visage du renouveau de la franchise.

Et si c'était à lui que le départ de Walker a le plus profité ? Jeremy Lamb, deuxième scoreur de l'équipe la saison passée, également parti, Graham a eu de l'espace et du temps de jeu pour s'exprimer, bien aidé par sa capacité d'apprentissage et d'observation et la confiance de coach Borrego. Affichant un visage serein sur le parquet, l'influence de Kemba Walker et Tony Parker se voit nettement dans son jeu : les trois points en sortie de dribble et sa façon de finir ses pénétrations dans la raquette comme Kemba, les floaters à la TP ; il s'est approprié ces moves qu'il a pu décortiquer la saison passée et les mettre en pratique à bon escient. À New York en novembre, il plante le *game winner* à trois points à 2 secondes du buzzer ; contre le Thunder en décembre, il arrache la prolongation grâce à un *up & down layup* après avoir dribblé toute l'équipe adverse.

Devonte' Graham se distingue aussi par son sens de la passe (8e de la Ligue, 18 matchs à plus de 10 passes) et son tir de loin – voire de très loin. À la Trae Young, lui aussi drafté en 2018, ses pieds collent rarement à la ligne des 7,24 mètres, et on l'a vu plus d'une fois dégainer entre le logo et la ligne des trois points. 5e de la Ligue au nombre de trois points tentés et réussis, il égalise notamment contre les Warriors en décembre le record de franchise de Kemba Walker de 10 trois points réussis, et ira même défier ses aînés au concours de tirs à trois points du All-Star Game.

Après avoir vécu un apprentissage express en cherchant comment se défaire des défenses qui se focalisent désormais sur lui, il sait ce qui l'attend. Serait-ce un défi plus grand que celui qu'il a relevé cette saison ?

JAMES HARDEN

31 ANS

MENEUR ARRIÈRE

13

CLUBS

PALMARÈS

X1 MVP de la saison (17-18)

X8 All-Star

X1 Meilleur 6e Homme (11-12)

X24 Joueur de la semaine

X9 Joueur du mois

X3 Meilleur marqueur de la saison (17-18, 18-19, 19-20)

X1 Meilleur passeur de la saison (16-17)

À l'intersaison, James Harden a perdu un All-Star et futur Hall Of Famer pour en retrouver un autre. Chris Paul échangé avec Russell Westbrook, les voici de nouveau réunis sous le même maillot pour essayer de faire tomber les favoris et retourner en finale, après celle perdue avec OKC en 2012 face à Miami.

On a beau connaître son jeu par cœur, savoir qu'il va tricoter entre ses jambes, faire un *step-back* ou vous effacer sur un premier pas avant d'aller finir au cercle, personne n'a encore trouvé le moyen d'éteindre totalement ce feu follet de James Harden. Celui qui a tenté le plus de trois points (12,4) et qui en a mis le plus par match (4,4) a de nouveau bien rempli sa carte de fidélité en tant que client régulier de la « zone » ! The Beard a encore accompli des perfs offensives d'une autre planète cette saison, comme s'il était possible de faire encore plus fou que les années passées : 3e saison de suite à plus de 30 points de moyenne (34,3, meilleur marqueur de la saison) ; 60 points en à peine 30 minutes (le 30 novembre face aux Hawks, pour une écrasante victoire : + 47 !) suivi de 50 points le match suivant ; 5 matchs à 50 points ou plus ; 21 matchs à au moins 40 points ; 2 matchs avec 10 trois points réussis ; 15 matchs à au moins 10 passes… Avec deux trophées de joueur de la semaine en novembre et celui du mois de décembre, James Harden était de nouveau un candidat légitime au titre de MVP. Il finira à la 3e place des votes mais intègrera la All-NBA *1st team* pour la 6e saison d'affilée.

Des fausses notes à mettre au crédit du maestro des Rockets ? Beaucoup de pertes de balles ? Certes. Cela reste son péché mignon : leader de la Ligue au nombre total (308) et 2e en moyenne ex aequo avec son coéquipier Russell Westbrook. Cela dit, on note une baisse de ses turnovers : 4,5 par match, quand il en perdait 5 en moyenne la saison passée. On lui siffle beaucoup de lancers ? Certes. 11,8 par match, c'est le leader dans cette catégorie devant Giánnis Antetokoúnmpo (10 par match). James Harden est sans surprise le 1er de la NBA au nombre de lancers francs tentés et réussis pour la 6e saison de suite. Mais il a le mérite de convertir ses lancers (85,8 % en carrière) et lui-même accorde beaucoup de fautes personnelles (227, 4e total de la saison et 3,3 par match, 7e). Manque d'implication en défense ? Son contre décisif sur la dernière action du match 7 du premier tour des playoffs reste selon lui l'un des plus beaux moments de sa carrière ! Il a enfin prouvé qu'il peut être *clutch* dans les moments chauds en défense ; de plus il est quand même le 5e intercepteur de la saison en moyenne et 1er de la Ligue pour le nombre total de *steals* !

2e PER de la Ligue, 1er *win shares* pour la 5e saison de suite, James Harden arrive en playoffs sans Russell Westbrook, l'autre moitié du duo le plus prolifique de la saison, pour essayer de faire tomber leur première maison commune, OKC. Une première marche difficile pour lui (29,7 points par match mais 31,3 % à trois points) et les siens, même au retour de Westbrook au match 5. Il leur faudra attendre les ultimes secondes du match 7 et ce fameux contre de Harden sur une tentative de Dort à trois points pour passer le 1er tour. Après avoir surpris les Lakers au match 1 du second tour, les Rockets ne prendront plus aucun match aux futurs champions de la Conférence Ouest.

MONTREZL HARRELL

26 ANS

AILIER FORT
PIVOT

5

CLUBS

PALMARÈS

X1 Meilleur 6e Homme (19-20)

Déjà l'un des meilleurs remplaçants la saison passée (16,6 points et 6,5 rebonds en 26 minutes), Montrezl Harrell a encore augmenté cette année son rendement sur le terrain (18,6 points et 7,1 rebonds) et sa rentabilité dans le compte d'exploitation de sa franchise (6 millions cette saison, soit le 7e salaire de l'équipe, bien loin des 33 et 32 millions de Paul George et Kawhi Leonard). Retour sur le parcours du guerrier des Clippers.

Drafté en 32e position en 2015 par Houston, Montrezl (à prononcer sans le L final, muet) a dû attendre son heure pour se faire remarquer, bloqué dans le Texas par Clint Capela, Ryan Anderson et Nenê, prioritaires dans la rotation. C'est à sa propre demande, cas très rare en NBA, qu'il est envoyé lors de son année rookie en G-League afin de travailler et développer son jeu. Arrivé en 2017 dans la Cité des Anges presque dans l'anonymat dans un package de six joueurs (dont Pat Beverley et Lou Williams) dans le transfert qui a envoyé Chris Paul aux Rockets, ses stats ont continué d'augmenter et son énergie sur les parquets, de se décupler. Une fois Blake Griffin et DeAndre Jordan partis sous d'autres horizons, « Trez » a eu de la place pour s'épanouir et, forcément, il a hérité de beaucoup plus de temps de jeu (+ 10 minutes en 2018-2019 et encore 1,30 de plus cette saison), ce qui s'est traduit par des stats en hausse, comme depuis son arrivée en NBA. Et la signature des superstars Paul George et Kawhi Leonard ne l'a pas freiné.

Intérieur petit par la taille (2,01 mètres) mais pas par la passion, la rage et le cœur qu'il met à l'ouvrage, Montrezl Harrell est un joueur qui va au charbon, tout en énergie, véritable détonateur en sortie de banc qui amène toute sa hargne pour s'arracher sous les panneaux. Et pour mener la *second unit* des Clippers, Harrell a pu s'inspirer de Lou Williams. Cette année, ce dernier s'est fait un peu supplanter par Harrell, 3e aux votes du meilleur 6e homme la saison passée... La question a longtemps fait débat, mais la vérité du terrain a fini par s'imposer. Harrell joue une minute de moins par match que Lou Will pour quasiment autant de points et d'interceptions MAIS avec un PER, un *win/share* et un +/- supérieurs, tout en étant le 3e scoreur et le meilleur contreur des Clippers. Il a également battu son record de points (34, trois fois) et de rebonds (15). Autre stat pas forcément folle mais qui témoigne de son activité et de son omniprésence : par 16 fois cette saison il a rempli toutes les cases de la feuille de match ; à titre de comparaison, c'est seulement 3 fois de moins que LeBron James. Exemples : 14 points, 11 rebonds, 2 passes, 2 interceptions et 3 contres contre Toronto le 11 novembre ; 18 points, 7 rebonds, 6 passes, 2 *steals* et 2 *blocks* contre New Orleans trois jours après ; 18 points, 10 rebonds, 4 passes et 3 contres en 20 minutes face à Denver le 28 février ou encore 19 points et 10 rebonds en 22 minutes face à Houston le 5 mars.

Le meilleur *6th man* de la saison a connu plus de difficultés en playoffs. Endeuillé par la perte de sa grand-mère, il a manqué la reprise à Orlando et n'a pas su ou pu trouver le rythme et le punch dont il a fait preuve cette saison pour éviter aux Clippers de se faire sortir de la *postseason* au second tour.

BUDDY HIELD

27 ANS

ARRIÈRE

24

CLUBS

Après une saison 2018-2019 surprenante d'efficacité (passant de 13,5 à 20,7 points par match, *starter* toute la saison), « Chavano Rainer », de son vrai prénom, a signé avant le début de la saison une prolongation de contrat de quatre ans à 94 millions de dollars, belle preuve de confiance du *front office* des Kings en son artilleur en chef. Le natif des Bahamas, par ailleurs recordman du plus grand nombre de trois points inscrits par un joueur lors de ses trois premières saisons en NBA, était donc attendu au tournant. Serré de près par les défenses adverses, ce nouveau statut l'a quelque peu déstabilisé et pris de court en début de saison.

Mais tout comme Kobe Bryant, son idole (il porte le n° 24 depuis son entrée en NBA), Hield est résilient et ne baisse pas facilement les bras... Le 27 janvier, face aux Wolves et au lendemain du décès du Black Mamba, il plante 42 points, record en carrière (en ayant shooté... 24 fois). Son coéquipier De'Aaron Fox arrache la prolongation sur un énorme coup de poker (voir par ailleurs) mais c'est bel et bien sa performance aux shoots (9/14 à trois points – record NBA égalé pour un remplaçant –, dont 5 dans les cinq dernières minutes !) qui a aidé les siens à remonter au score. Sorti du banc ce soir-là, il n'avait pas fait dans la discrétion quelques semaines plus tôt en se plaignant publiquement de ses relations avec le *coaching staff* qui selon lui ne lui faisait pas (ou plus) confiance. Hield avait depuis fait amende honorable auprès de ses coéquipiers et de la franchise, mais devant l'apathie de ses troupes (3 victoires-15 défaites depuis le retour de blessure de Fox le 17 décembre) et de l'intéressé (défense déplorable, pourcentages en berne), coach Luke Walton décide de changer de stratégie en le sortant du cinq de départ dès le 24 janvier.

Bien lui en fait : sur les 28 rencontres avec Buddy Hield en sortie de banc, les Kings sont à 16 victoires pour 12 défaites. Titulaire ? 15 victoires pour... 29 défaites. En près de 34 minutes de moyenne comme *starter*, il score 20 points à 41,6 % aux tirs, 36 % à trois points et 81,6 % aux lancers francs. Remplaçant, il passe à peine 25 minutes sur le parquet et score donc moins (à peine 17,9 points) mais... ses pourcentages de réussite repartent nettement à la hausse ! 45,4 % aux tirs, 45,1 % à trois points et 92,1 % aux lancers francs, on est très proches des mythiques 50/40/90 ! Une saison de cet acabit le placerait dans le trio de tête des meilleurs sixièmes hommes de la Ligue. Deuxième option offensive des runnin' Kings derrière De'Aaron Fox, Buddy Hield a prouvé qu'il était capable de gros cartons derrière l'arc (11 tirs primés face à Boston le 25 novembre, 9/10 contre les Spurs le 8 février, et le deuxième plus gros total de trois points marqués cette saison derrière Harden...). Il est d'ailleurs invité au All-Star Week-end pour un concours à trois points d'anthologie qu'il s'est adjugé en arrachant la victoire au bout du suspense sur le dernier tir de son dernier rack ! Hield a donc tout intérêt à comprendre où se trouvent son intérêt et celui de son équipe si les Kings veulent aligner une escouade à même de relever le défi qui les attend la saison prochaine dans leur division (Suns, Lakers, Clippers et Warriors) et dans leur conférence. Surtout après son passage effacé dans la bulle d'Orlando où il n'a pas pesé.

BRANDON INGRAM

23 ANS

AILIER

14

CLUBS

PALMARÈS

X1 All-Star

X1 Joueur de la semaine

Most Improved Player (19-20)

La saison 2018-2019 de Brandon Ingram s'était achevée sur des incertitudes plus qu'inquiétantes, après une saison émaillée par des rumeurs de transfert. De plus, à la suite de la présence d'un caillot sanguin dans le bras droit, il a subi avec succès une lourde opération au niveau du thorax (une décompression chirurgicale) qui l'a empêché de pratiquer le basket pendant près de quatre mois ! De retour au jeu juste avant la présaison, il avait été échangé début juillet aux Pelicans avec notamment Lonzo Ball dans un deal à trois équipes en échange d'Anthony Davis.

Ces deux inquiétudes derrière lui, l'ailier filiforme (2,01 mètres pour 86 kilos) aux faux airs de Kevin Durant dans la gestuelle et l'envergure apprécie pleinement sa chance d'être capable de jouer au basket, tout simplement ! Et il ne perd pas de temps pour prendre du plaisir, avec cette pointe à 35 points (à 1 point de son record en carrière) et 15 rebonds dès le troisième match de la saison, dans une défaite face à Houston. 27 points et 10 rebonds le lendemain, 40 points une semaine plus tard... Les victoires sont dures à décrocher pour les Pels, mais Ingram s'éclate après ces mois de doutes ; c'est bien lui le patron d'une équipe en attente de son prodige Zion Williamson. Sans la présence intimidante de LeBron James et le poids de l'histoire des Lakers sur ses frêles épaules, entouré de vétérans solides dans le jeu et impliqués dans le collectif (Jrue Holiday, J.J. Redick) et des complices de l'époque Lakers (Lonzo Ball, Josh Hart), il sait désormais quel est son rôle et le prend à bras-le-corps, en pleine confiance. Après une vilaine série de 13 défaites de fin novembre à mi-décembre, il clôt 2020 en beauté : sur la dernière semaine de l'année, New Orleans empoche 4 victoires grâce à ses 25,3 points de moyenne (54,2 % à trois points !), ce qui lui vaut le trophée de joueur de la semaine de la Conférence Ouest, le premier de sa jeune carrière.

En extension, en *fadeaway* à mi-distance, en pénétration, Brandon Ingram est un attaquant et un scoreur pur jus qui reste très difficile à éteindre quand il est en pleine confiance, en possession de tous ses moyens et lancé sur une bonne série. Améliorant nettement son pourcentage derrière l'arc (passant de 33 % à plus de 39 % de réussite), il a battu cette saison par deux fois son record de points en carrière pour frôler la barre des 50 points pour la victoire face au Jazz le 16 janvier (49, assorti de 8 rebonds et 6 passes). Cette excellente première moitié de saison lui permet de se placer dans la liste des remplaçants pour le All-Star Game et dans les conversations pour le titre de MIP récompensant la meilleure progression, un trophée qui lui est finalement attribué à l'issue de la meilleure saison de sa carrière. Les résultats collectifs n'ont pas suivi (13e de l'Ouest), mais l'éclosion a enfin eu lieu. Attention à ne pas s'arrêter en si bon chemin ! Depuis le retour de Zion Williamson le 22 janvier, Brandon Ingram a logiquement eu besoin d'un temps d'acclimatation ; la future réussite des Pelicans – et la sienne – dépendra pour beaucoup de la bonne alchimie entre les deux hommes et de la faculté d'adaptation de l'ailier.

LeBron James

35 ANS

AILIER

23

CLUBS

PALMARÈS

X4 Champion NBA (11-12, 12-13, 15-16, 19-20)
X4 MVP des Finals (12, 13, 16, 20)
X4 MVP de la saison (08-09, 09-10, 11-12, 12-13)
X16 All-Star
X3 MVP du All-Star Game (06, 08, 18)
X64 Joueur de la semaine
X40 Joueur du mois
Rookie de l'année (03-04)
X1 Meilleur marqueur de la saison (07-08)
X1 Meilleur passeur de la saison (19-20)

Que ceux qui doutaient de LeBron James après une première saison compliquée en Californie posent le genou et s'inclinent bien bas devant le King. À trente-cinq ans, LeBron James est bel et bien l'un des joueurs les plus dominants de la NBA. Encore. Et toujours. Cette saison, il a continué l'écriture de sa légende en y rajoutant plusieurs lignes et records de longévité. Vu la forme olympique et la domination dont il a encore fait preuve, son épilogue n'est pas pour tout de suite. Rejoint à l'intersaison par le All-Star Anthony Davis, LeBron James a enfin pu relancer la dynastie des Lakers pour la ramener à sa place de droit dans l'histoire de la NBA : au sommet.

Endossant cette saison la cape de meneur – rôle qu'il affectionne depuis fort longtemps –, c'est la première fois dans sa carrière qu'un coéquipier score plus que lui, en l'occurrence Anthony Davis (26,1). Il marque quand même 25,3 points par match, plus que certains *franchise players*, mais c'est à la distribution qu'il s'illustre. Meilleur passeur de la saison – comme l'ancien Laker Magic Johnson qu'il a toujours admiré – avec 10,2 *assists* par match, il égale notamment son record d'offrandes (19) et enregistre 26 double-doubles points-passes. Ses 13 triple-doubles sont le 2e plus gros total de la saison mais son exploit du 19 novembre est lui unique : contre le Thunder, il devient ce soir-là le premier joueur à enregistrer un TD contre les 30 franchises NBA. Quand d'autres joueurs battent des records de précocité – Luka Dončić notamment, voir par ailleurs –, LeBron va lui battre des records de longévité. 5 novembre : joueur le plus âgé à enchaîner 3 triple-doubles ; 29 décembre : premier joueur de l'histoire de la NBA à enregistrer 30 000 points, 9 000 rebonds et 9 000 passes en carrière. Le 25 janvier, sur un *layup* en pénétration, il dépasse Kobe Bryant, en 3e position, au classement des meilleurs marqueurs de l'histoire de la NBA, et qui plus est à Philly, ville natale de Kobe. Le lendemain, le malheur frappe la NBA et surtout les Lakers : Kobe Bryant trouve la mort dans un accident d'hélicoptère avec sa fille et sept autres personnes. Comme l'ensemble de la communauté basket, LeBron est fortement touché par la disparition du Black Mamba, qu'il venait juste de dépasser dans les livres d'histoire. Le 6 février, seul en contre-attaque, LBJ s'élève puis pivote et bascule pour un dunk arrière de toute beauté, réplique quasi conforme d'une envolée de Kobe au Staples Center 19 ans plus tôt. L'une des plus belles images de la saison.

LBJ n'en oublie pas pour autant l'objectif ultime. Élu joueur des mois de janvier et février, juste avant l'interruption de la saison le 11 mars, il gagne ses duels face aux autres favoris, les Bucks (le 6 mars : 37 points, 8 rebonds, 8 passes) et les Clippers (le 8 mars : 28 points, 8 rebonds, 9 passes). Et le ton d'être donné d'emblée en playoffs dans la bulle d'Orlando. Avec un quasi triple-double de moyenne jusqu'aux Finals, les Lakers déroulent avec un *Chosen One* toujours aussi impérial (26,7 points, 10,3 rebonds et 8,9 passes, dont 4 TD) et un poil agacé par sa 2e place aux votes pour le MVP. Face à Miami, la franchise de ses 2 premiers titres, LeBron James trouve un adversaire à sa taille en la personne de Jimmy Butler (voir par ailleurs) mais ses 29,8 points, 11,8 rebonds et 8,5 passes de moyenne sur les six matchs des Finals sont une fois de plus déterminants. 4e titre NBA et de MVP des Finals pour James et le 17e trophée de champion pour les Lakers, à égalité avec Boston. Ce ne sera donc pas Kawhi qui remportera le premier le titre de MVP des Finals avec trois franchises différentes, mais bien LeBron James, le King, une bonne fois pour toutes.

NIKOLA JOKIĆ

30 ANS

PIVOT

15

CLUB

PALMARÈS

X2 All-Star

X6 Joueur de la semaine

De retour dans le Colorado après des Jeux olympiques décevants, la rentrée de Nikola Jokić n'a pas été sereine. Problème de poids, moral en berne, langage corporel inquiétant... Puis, à son rythme, le Joker est monté doucement en puissance pour atteindre le niveau de *franchise player* dont il avait fait preuve la saison passée. Leader d'une franchise 3e d'une Conférence Ouest particulièrement compétitive cette saison, l'intérieur-passeur a de nouveau fait parler ses qualités techniques. Au poste haut ou bas, runner en tête de raquette avec flotteur sur un pied, bombes arc-en-ciel à trois points, *moves* exécutés à deux à l'heure mais qui rentrent... Et quand le chemin au panier est bloqué, ses passes magiques trouvent souvent preneur. Les prises à deux semblent n'avoir que très peu d'effet sur lui, tout comme les trophées, distinctions, records et critiques auxquels il paraît imperméable.

Mais que cela lui plaise ou non, il sera pourtant de nouveau All-NBA (*2nd team*) et All-Star pour la seconde saison de suite. Il est également élu joueur de la semaine précédant le All-Star Game avec notamment un des meilleurs matchs de sa saison face à Utah : un triple-double massif (30 points, 21 rebonds, 10 passes : le 10e dans l'histoire de la NBA seulement à réussir ce genre de « TD ») et un *fadeaway* à une minute de la fin pour reprendre l'avantage. Car non content d'être indispensable à son équipe dans tous les secteurs de jeu, le Joker s'est montré décisif pour clore nombre de matchs des Nuggets, comme cette fois-ci à Utah, mais aussi face aux 76ers (le 8 novembre, un « *long two* » à 1 seconde du terme avant de provoquer la passage en force d'Embiid) ; aux Wolves (deux jours après, *fadeaway* sur un pied à la Nowitzki dans le corner gauche à 2 secondes de la fin de la prolongation) ; aux Mavs (le 8 janvier, à 7 secondes du buzzer, *layup* après un gros boulot poste bas). N'oublions pas ses 47 points le 6 janvier face aux Hawks, record en carrière.

Nikola Jokić profite de l'interruption de la saison pour retrouver la Serbie et la ligne, mais malheureusement pour aussi se faire tester positif au coronavirus. Guéri, il entre dans la bulle d'Orlando affiné et dans une forme dans laquelle on ne l'avait jamais vu. Et les bonnes habitudes de revenir avec un triple-double dès le deuxième match à Orlando, son 13e de la saison – autant que LeBron James pour le 2e plus gros total de la saison – et 41e en carrière, ce qui le fait monter en seulement cinq saisons à la 10e place du classement *all time* en la matière. Apothéose d'un exercice proche du triple-double de moyenne : 19,9 points, 9,7 rebonds, 7 passes.

Les playoffs ont de nouveau été éreintants – et historiques – pour les Nuggets, habitués aux séries en 7 matchs. Au premier tour, Jokić remporte son duel de pivots à l'ancienne face au Jazz et Rudy Gobert sur un bras roulé à moins de 30 secondes de la fin du match 7. Face aux Clippers, déjà en triple-double sur les trois premiers quarts-temps du match 7, il boucle cette série par une performance d'anthologie (16 points, 22 rebonds et 13 passes) pour aller défier les Lakers. Plus facile à dire qu'à faire, même en haussant – à nouveau – son niveau de jeu. En finales de conférence, ses 21,8 points à 53,2 % aux tirs (+ 7,2 rebonds et 5 passes) ne suffisent qu'à prendre un match aux Lakers.

ZACH LaVINE

25 ANS

ARRIÈRE

15

CLUBS

Déjà dans sa troisième saison sous le maillot des Bulls, Zach LaVine a pour une fois été relativement épargné par les blessures. Ce n'était plus arrivé depuis la saison 2015-2016. Il n'avait alors manqué aucun match et le monde entier avait admiré ce prodige du dunk lors d'un concours d'anthologie au All-Star Game de Toronto face à Aaron Gordon du Magic. Zach LaVine a depuis été catalogué un peu trop rapidement comme un dunkeur, et rien de plus. N'en déplaise à ses détracteurs, depuis son arrivée à Chicago en 2017, il n'est plus une deuxième ou troisième option offensive, mais bien celui qui a les clés de l'attaque. Cette année, avec 25,5 points de moyenne, il pointe au 11e rang des meilleurs scoreurs de la Ligue. Ajoutons à cela 4,8 rebonds et 4,2 passes décisives, et on tient là le véritable socle de la franchise de l'Illinois.

Le fait est que l'on a découvert un véritable shooteur à trois points. Avec plus de 8 tentatives par match (5 lors de ses deux précédentes saisons à Chicago) et un pourcentage très honorable de 38,1 % derrière l'arc, Zach LaVine a signé cette saison des performances d'anthologie dans ce domaine, comme ce 7/7 chez les Hawks le 11 décembre. Sa performance la plus impressionnante reste celle du 23 novembre lors de l'un des matchs les plus haletants de la saison, à Charlotte. Avec un 13/17 à trois points et un record personnel de 49 unités, Zach LaVine arrache la victoire quasiment au buzzer sur sa treizième réussite de loin. Le record appartient toujours à Klay Thompson et ses 14 trois points réussis : c'était presque un an plus tôt, le 29 octobre 2018 contre… Zach LaVine et les Bulls. En février, il participe au concours à trois points du All-Star Weekend qui se déroule chez lui, à Chicago (et pas au concours de dunks où tout le monde l'attendait – encore une fois).

Le profil du numéro 8 des Bulls déroute les défenses adverses : doit-on lui laisser de la place, étant donné son pourcentage de réussite à trois points pas si élevé que ça (38 %, 62e de la Ligue) mais qui est finalement trompeur au vu de ses performances de loin ? Doit-on le coller de près, lui qui est toujours aussi explosif et capable d'envolées spectaculaires au-dessus du cercle, prouesses qui alimentent régulièrement les Top 10 ?

Ce qui lui fait le plus défaut à ce jour, c'est bien la réussite collective car en six saisons, LaVine n'a jamais connu les playoffs. Frustré, voire impatient, il a dû gérer quelques soucis d'entente avec son coach Jim Boylen dont les décisions étaient parfois cryptiques aux yeux de son effectif. En passe de devenir un véritable *franchise player,* Zach LaVine a besoin d'un vrai meneur à ses côtés pour que ses progrès individuels aient un véritable impact sur ses résultats collectifs. Cela le déchargerait d'une partie des responsabilités, en plus de faciliter la circulation de la balle, son axe de progrès en plus de la défense.

KAWHI LEONARD

29 ANS

ARRIÈRE

2

CLUBS

PALMARÈS

X2 Champion NBA (13-14, 18-19)

X2 MVP des Finales (14,19)

X4 All-Star

X1 MVP du All-Star Game (20)

X7 Joueur de la semaine

X2 Meilleur défenseur (14-15 15-16)

X1 Meilleur intercepteur de la saison (14-15)

Que ce soit sous les sifflets de l'Alamo Dome de San Antonio ou les vivats des fans des Raptors, pas d'émotions superflues pour le « *fun guy* ». Et l'air de rien, Kawhi Leonard a signé l'une de ses meilleures saisons en carrière à Los Angeles, de retour au bercail (naissance et lycée à LA, université d'État de San Diego où son maillot a été retiré début février). Associé à Paul George à l'issue de l'un des deals les plus retentissants de la dernière intersaison, les attentes envers les Clippers ont grimpé en flèche de pair avec leur cote.

Quoi qu'on dise à propos du « *load management* », la gestion de l'effort de Kawhi Leonard peut aussi être interprétée comme un symptôme du nombre important de matchs dans une saison NBA, une critique qui compte d'ailleurs de plus en plus de partisans, notamment chez les joueurs. C'est à cause de ça qu'il a fallu attendre le 20 novembre pour le voir associé sur le terrain à Paul George. À cause de ça également que leur duo a été si long à se montrer productif. Mais c'est grâce au load management que The Klaw boucle une saison sensationnelle. Quand il revient d'un jour de « repos », les Clippers sont à 9 victoires pour 3 défaites. À l'image de l'efficacité de Giánnis (voir par ailleurs), en jouant quelques minutes de moins que chez les Raptors, il a réussi le tour de force d'augmenter ses stats, passant de 26,6 à 27,1 points et de 3,3 à 4,9 *assists*. Montant doucement en puissance, entre ses deux arrêts du 5 et du 22 janvier, il va tourner à 36 points, 6,5 rebonds et 4,3 passes à 53 % aux tirs. Une période faste pour Kawhi qui empoche le trophée de joueur de la semaine grâce notamment à sa belle perf face aux Cavs (43 points à 6/10 à trois points en trois quarts-temps, à 2 points de son record perso). Entre le 10 janvier et le 1er février, ce n'est rien de moins que neuf matchs de suite à au moins 30 points pour Kawhi, qui bat au passage son record de passes tout en compilant son premier triple-double en carrière lors du même match (33-10-10 contre Miami le 24 janvier). Élu MVP du All-Star Game, le lauréat du premier trophée Kobe Bryant s'est autorisé une rare expression d'émotions en rendant hommage à son mentor.

Un joueur complet qui apporte « *on both sides of the floor* » comme le disent les commentateurs américains, des deux côtés du terrain. Qualificatif maintes fois entendu mais tellement adapté à Kawhi, élu dans le 2e meilleur cinq de la NBA (4e fois en carrière) ainsi que dans le 2e cinq défensif (6e fois). S'appuyant sur son tir à mi-distance (44,5 % de réussite en saison, 58,6 en playoffs) pour tromper des défenses plus tellement habituées à ce shoot ou sa puissance en se rapprochant du cercle, Kawhi Leonard s'impose en *postseason*. En marquant 29 points lors du match 1 du second tour, Kawhi Leonard devient ainsi le premier joueur depuis Michael Jordan en 1988 à atteindre cette marque sept fois de suite pour ouvrir les playoffs. En défense, son contre à un doigt sur Murray à la fin du match 3 face à Denver est l'une des images les plus marquantes des playoffs. Une campagne qui s'arrête abruptement pour les Clippers au match 7 de ce second tour, avec un Kawhi méconnaissable (14 points à 6/22 et aucun lancer tenté en plus de 43 minutes). Pour un 3e trophée de MVP des Finals avec une 3e équipe différente, il faudra attendre encore un peu.

DAMIAN LILLARD

30 ANS

MENEUR

0

CLUB

PORTLAND
TRAIL BLAZERS

PALMARÈS

X5 All-Star

X9 Joueur de la semaine

X1 Joueur du mois

Rookie de l'année (12-13)

Peut-on être *in the zone* plusieurs matchs de suite ? Oui. Et plusieurs fois dans la même saison, c'est possible aussi ? Dans le cas de très rares élus, dont Damian Lillard, oui. Le meneur des Blazers a dû se démultiplier encore plus que les années passées pour porter son équipe malgré un C.J. McCollum toujours aussi efficace (voir par ailleurs) et l'arrivée de Carmelo Anthony qui le soulage un peu au *scoring*.

Première mise en bouche avec une pointe à 60 unités – record en carrière pour rien – le 8 novembre. Après quelques semaines « en dedans », la deuxième moitié de saison pointe son nez : le 13 janvier, soit pour le 41e match de régulière des Blazers, l'heure de « Dame » a sonné. Il va compiler jusqu'au 1er février des stats stratosphériques pour tenter de remettre son équipe sur de bons rails dans la course aux playoffs : 41,6 points, 9,3 passes à 52,8 % aux tirs et 50 % à trois points ! Les 20, 23 et 26 janvier, il enchaîne une série improbable au *scoring* : 61 points (nouveau record perso) puis 47 et 50 points à 53,4 % aux tirs et 57,4 % derrière l'arc ! Sur cette période, ce sont 7 victoires et 3 défaites pour les Blazers, et pour Lillard, deux trophées de joueur de la semaine et une cinquième sélection au All-Star Game qu'il n'honorera pas, blessé à l'aine.

Peut-être autant – voire plus – que ses prouesses au *scoring*, c'est le calme et la sérénité qui se dégagent de Lillard qui époustouflent. Même lorsqu'il dégaine à hauteur du logo, une de ses spécialités (8/12 à plus de 10 mètres cette saison !), Dame donne l'impression d'être constamment en contrôle du rythme du match et de ne jamais faire dans la précipitation ou la panique. Troisième marqueur (30 tout rond, soit 4 de plus qu'en 2018-2019), cinquième passeur (une de plus en moyenne), Damian Lillard est également celui qui a joué le plus de minutes par match de toute la NBA (37,5, soit 2 de plus que l'année passée). L'efficacité offensive de « *Big Game Dame* » fait également saliver tous les amateurs des statistiques avancées : premier à l' « *Offensive Box +/-* » avec 8,3, soit le nombre de points supplémentaires pour 100 possessions qu'un joueur génère en attaque par rapport à la moyenne de la Ligue et surtout le meilleur « *Offensive Win Shares* » de la Ligue, une estimation du nombre de victoires auxquelles un joueur a contribué uniquement par son apport offensif (10,9, mieux que Harden à 9,9 et loin devant le troisième, Jokić, à 6,7).

Sur les 8 matchs couperets de la bulle d'Orlando, Dame D.O.L.L.A. a un nouveau coup de chaud avec 37,6 points et 9,6 passes de moyenne. Dans le détail, un gigantesque 45 points et 12 passes à 11/18 à trois points face à Denver, puis 51, 61 et 42 points (soit 51,3 points de moyenne en 3 matchs !) pour arracher le titre de MVP de la bulle, les barrages face à Memphis et se qualifier *in extremis* pour les playoffs. Une telle activité, une telle débauche d'énergie (plus de 41 minutes sur le parquet en moyenne dans la bulle), cela finit par laisser des traces. Lancés, Lillard et les Blazers gagnent le premier match face aux Lakers avant de céder sur les 4 matchs suivants, le meneur manquant le dernier match sur blessure au genou. Le « *Dame Time* » retentira la saison prochaine à coup sûr.

KEVIN LOVE

32 ANS

AILIER FORT
PIVOT

0

CLUBS

PALMARÈS

X1 Champion NBA (15-16)

X5 All-Star

X3 Joueur de la semaine

Most Improved Player (10-11)

X1 Meilleur rebondeur de la saison (10-11)

Dernier membre du *Big Three* titré en 2016 encore à Cleveland, les rumeurs de transfert ont émaillé la saison de Kevin Love. Soufflant le chaud et le froid sur ses envies d'aller voir ailleurs, il déclare au début de la saison son attachement à la ville et la franchise de Cleveland avant de se montrer plus crispé, voire irrité, dans ses relations avec ses coéquipiers, entraîneurs et dirigeants. Love vit effectivement une situation frustrante au sein d'une franchise embourbée dans une reconstruction laborieuse. Un possible *trade* est toutefois rendu compliqué par son contrat pharaonique, dans les faits une prolongation de 4 ans de 120 millions de dollars signée à l'été 2018.

Surpayé au vu de son attitude parfois inégale sur et en dehors du terrain et des résultats des Cavaliers ? Pas nécessairement. Kevin Love a affiché des statistiques (17,6 points, 9,8 rebonds) non loin de ses standards en carrière (18,2 points et 11,1 rebonds) et en mettant entre parenthèses la saison passée, quasi blanche (22 matchs joués), sa production sur le parquet est comparable à celles de 2017-2018 (17,6 points, 9,3 rebonds), la dernière en compagnie de LeBron James et qui l'avait vu être sélectionné au All-Star Game.

Leader parmi les vétérans de l'équipe, entouré d'une jeune garde avec qui il ne semble pas en phase, Kevin Love continue bon gré mal gré de faire le boulot, et de le faire plutôt bien. Malgré l'enchaînement de séries de défaites et les gros revers subis (3 défaites à plus de 40 points d'écart), il a montré à plusieurs occasions qu'il pouvait porter son équipe jusqu'à la victoire, et contre des candidats sérieux qui plus est ! Il s'est notamment offert le scalp d'Indiana en octobre (21 points, 13 rebonds, 9 passes, 3/5 à trois points), de San Antonio en décembre (30 points, 17 rebonds, 4/9 à trois points) et en mars (14 points, 18 rebonds), de Denver en janvier (19 points, 15 rebonds) et en mars (27 points à 5/11 de loin) et de Miami en prolongation en février (17 points, 14 rebonds). Malgré son âge, il reste un rebondeur incroyable avec un sens du positionnement hors du commun (7 matchs à 15 rebonds ou plus, dont 20 prises contre Chicago en octobre), un ailier fort moderne pouvant sanctionner aussi bien à trois points qu'au poste bas.

L'arrivée début février d'Andre Drummond, autre machine à double-doubles, va lui permettre de se positionner davantage au poste d'ailier fort, mais ce renfort de poids suffira-t-il à le retenir, sachant que Drummond ne vise pas le long terme dans l'Ohio ? Capable d'apporter une expérience cruciale d'homme bagué à une équipe voulant jouer les phases finales, son profil intéresse toujours de nombreuses franchises en quête de titre : expérimenté, bon coéquipier, il peut être la pièce manquante à ajouter à un effectif en quête d'une aventure prolongée en playoffs.

KYLE LOWRY

34 ANS

MENEUR

7

CLUBS

PALMARÈS

X1 Champion NBA (18-19)

X6 All-Star

X6 Joueur de la semaine

X2 Joueur du mois

Le meneur vétéran des champions en titre a débuté la saison sans pression, à l'image des Raptors. Kawhi Leonard et Danny Green partis en Californie, personne n'exigeait des Raptors qu'ils s'installent tout en haut du classement de la Conférence Est. Indifférents à ces attentes revues à la baisse, Kyle Lowry et les siens ont tordu le cou à ces prédictions. Au sein d'un effectif stable, le meneur de l'équipe de Toronto est sur l'un de ses meilleurs exercices en carrière, ponctué par une sixième sélection d'affilée au All-Star Game et une très belle et surprenante 2e place collective à l'Est.

Après avoir été écarté des terrains pendant 11 matchs à cause d'une fracture au pouce gauche lors de la 8e rencontre de la saison, Kyle Lowry va se distinguer lors de plusieurs séries de victoires qui vont permettre aux Raptors de squatter les hauteurs du classement. Ses 24,5 points et 10 passes de moyenne à 42,4 % à trois points du 16 au 22 décembre lui valent le trophée de joueur de la semaine, une distinction qu'il n'avait plus remportée depuis mars 2016. Au cœur de ce *run* exceptionnel, une performance historique est à noter, celle du 22 décembre contre Dallas lors de laquelle les Raptors ont remonté un retard de 30 points, le plus gros comeback de l'histoire de la franchise ! Lowry avait ce soir mené ses troupes à la victoire avec ses 32 points, 10 passes, 8 rebonds, dont 20 points dans le seul 4e quart-temps ! De la mi-janvier à la mi-août, en commençant par 15 victoires de rang, Toronto engrange un bilan exceptionnel de 28 victoires pour seulement 5 défaites, avec un Lowry en grande forme (9 double-doubles et 1 triple-double).

Le vétéran de la franchise canadienne part au charbon dès qu'il entre sur les parquets ; un esprit combatif, le couteau entre les dents, qui déteint sur ses coéquipiers. Longtemps critiqué pour son léger surpoids, il n'hésite pourtant pas à faire don de son corps pour son équipe ! Il est en effet cette saison le joueur qui a provoqué le plus de passages en force, 34 (et 8 de plus en playoffs).

En guise d'échauffement pour les playoffs, il se paie même son record en carrière aux rebonds avec 14 prises contre les Lakers le 1er août, en n'oubliant pas de noircir les autres colonnes de la feuille de match : 33 points à 5/9 de loin et 6 passes pour la victoire. Et en parlant de playoffs, Kyle Lowry a encore fait preuve de toute sa hargne lors de la *postseason*. Discret lors du premier tour, il se réveille au second face aux Celtics. Tournant à 20,7 points, 6,3 rebonds et 6,4 passes, Kyle Lowry fait vivre l'espoir en se muant en passeur décisif sur la remise en jeu pour la victoire au buzzer du match 3. Omniprésent lors du match 4 (22 points, 11 rebonds, 7 passes) et du match 6 (33 points, 8 rebonds, 6 passes) pour arracher une septième manche dont ils sortiront finalement vaincus, lui et ses Raptors peuvent quitter la bulle d'Orlando la tête haute.

C.J. McCOLLUM

29 ANS

ARRIÈRE

3

CLUB

PORTLAND
TRAIL BLAZERS

PALMARÈS

X1 Joueur de la semaine

Most Improved Player (15-16)

À l'aube de sa septième saison NBA, C.J. McCollum a lié son sort pour cinq saisons supplémentaires à sa franchise de cœur, celle qui l'a drafté en 2013 à la 10e place. Christian James a en effet paraphé fin juillet 2019 une extension de contrat jusqu'en 2024, renouvelant ainsi le *one-two punch* avec Lillard qui avait lui aussi signé quelques semaines plus tôt une extension pharaonique jusqu'en 2025. L'un des duos les plus dangereux et prolifiques de la Ligue va donc encore sévir pendant de nombreuses saisons.

Posons la question tout de suite : C.J. McCollum sera-t-il un jour autre chose qu'un excellent lieutenant ? À la lecture de son rendement cette saison et de son impact sur le jeu, on aurait tendance à répondre qu'il a déjà atteint son plafond, mais un plafond que quantité de joueurs NBA aimeraient tutoyer un jour ! Depuis l'explosion entre sa troisième et sa quatrième saison dans l'élite (passant de 6,8 à 20,8 points de moyenne !), C.J. McCollum a été un modèle de régularité et d'efficacité, sa production ne variant que très peu depuis cette saison 2015-2016 où il avait été nommé meilleure progression de la saison.

L'arrivée de Melo et un collectif renouvelé qui a pris du temps à se mettre en place peuvent expliquer son début de saison timoré, mais qu'on ne s'y trompe pas : C.J. McCollum reste l'un des meilleurs arrières de la Ligue et un complément de premier choix pour Damian Lillard, son compère depuis son arrivée en NBA. Dribbleur d'exception, incisif et *clutch* en fin de match, malgré son omniprésence sur les parquets (2556 minutes jouées cette saison, premier de la NBA), C.J. McCollum est le tueur discret dont la dangerosité est dissimulée derrière l'arme offensive n° 1 des Blazers. Du 16 au 21 décembre, quand les Blazers enchaînent pour la première fois de la saison quatre victoires d'affilée, Lillard compile 30,8 points et 7,8 passes. Et pour McCollum, le deuxième piston de cette percussion arrière ? 29,3 points, 4 passes à 45,5 % de loin ! Le 23 février, en l'absence de Lillard, C.J. est partout : 42 points, 12 passes, 9 rebonds à 6/11 à trois points et 8 points dans les 3 dernières minutes pour la victoire. D'ailleurs, voici un secteur où il a évolué cette saison : les passes décisives, avec 1,4 passe de moyenne en plus, et un record perso battu avec 12 ce soir du 23 février contre Detroit. Malheureusement pour son leadership et les Blazers, ces périodes où il prend le relais de Lillard ne sont pas ponctuées de victoires. Malgré des perfs d'exception de McCollum (37 points et 10 passes le 21 novembre ; 33,3 points et 8,3 passes du 21 février au 2 mars pendant que Lillard soigne une blessure à l'aine ; 37 points, 7 passes et 6 rebonds dans le match 5 du premier tour des playoffs face aux Lakers et gêné par une blessure pour les derniers matchs de la saison à Orlando...), quand Lillard est blessé, Portland affiche un triste 2 victoires-7 défaites.

Un lieutenant régulier, sur qui l'on peut compter dans les moments chauds, combatif, dur au mal... Combien d'équipes NBA rêveraient de signer et développer un joueur de ce calibre ?

KHRIS MIDDLETON

29 ANS

AILIER

22

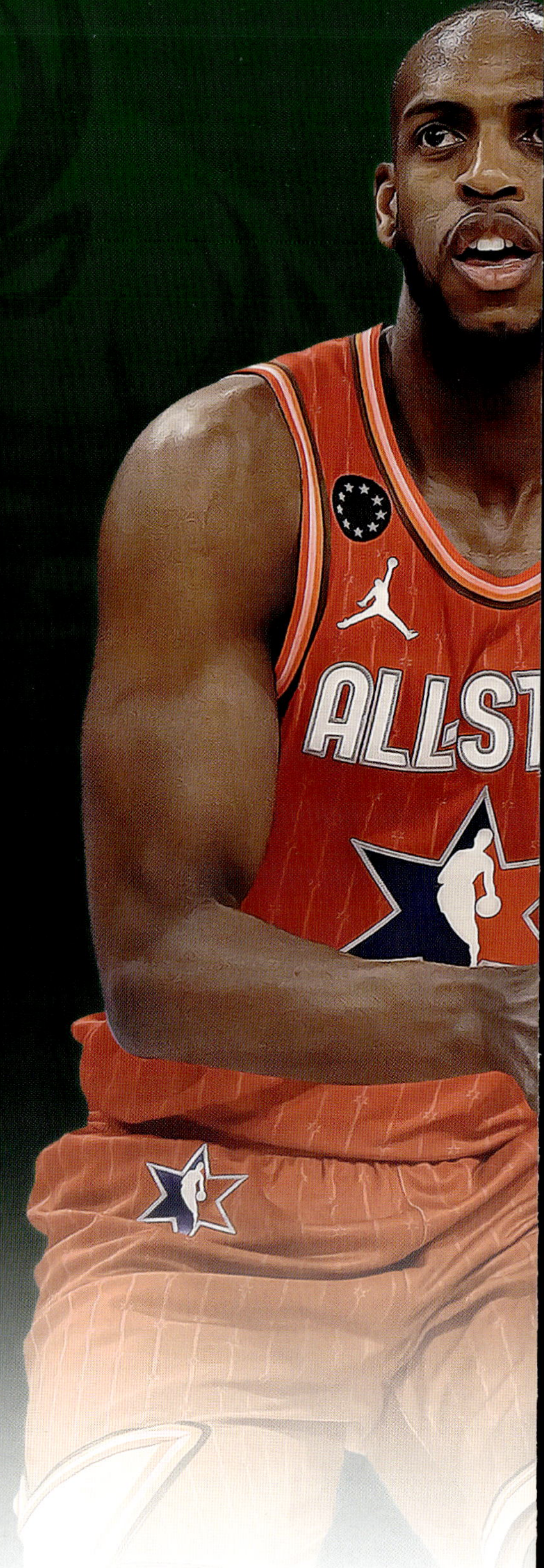

CLUBS

PALMARÈS

X2 All-Star

X1 Joueur de la semaine

Cinq tirs. Avec seulement cinq tirs de champ réussis supplémentaires, Khris Middleton aurait fini 2019-2020 pile à 50 % de réussite et ainsi compilé une excellente et rarissime saison en 50-40-90, soit au moins 50 % de réussite aux tirs, 40 % à trois points et 90 % aux lancers francs. Une excellence atteinte par seulement huit joueurs dans l'histoire de la NBA ; seuls quatre d'entre eux l'ont réussi à 20 points par match : Larry Bird (deux fois), Dirk Nowitzki, Kevin Durant et Stephen Curry – et donc Khris Middleton, presque. C'est dire le calibre de joueur auquel on a affaire, échouant à quelques pas des portes de ce club mythique : 20,9 points à 49,7 % aux tirs, 41,5 % à trois points et 91,6 % aux lancers. En moins de trente minutes par match, pour être tout à fait précis, sans oublier 6,2 rebonds et 4,3 passes, aux côtés d'un double MVP, cela force le respect et pousse quiconque à réfléchir à nouveau au sens du mot « lieutenant », si souvent utilisé dès lors qu'il s'agit de qualifier le deuxième meilleur joueur d'une équipe – en l'occurrence le meilleur bilan de la saison – et qui cartonne dans l'ombre du *franchise player.*

De *franchise player,* Khris Middleton en a la carrure, cela ne fait aucun doute, ni pour lui ni pour les dirigeants des Bucks. L'été 2019 a été marqué par des transferts fracassants et des signatures de prolongations mirobolantes. Celle de Khris Middleton a fait couler beaucoup d'encre : 5 ans à 177,5 millions de dollars (la dernière année étant en *player option*). Discret et combatif, et effectivement parfait bras droit du double MVP en titre, Khris Middleton est un attaquant létal à mi-distance (51,5 % de réussite entre la raquette et la ligne à trois points), doublé d'un défenseur intelligent qui a fait taire les doutes émis à la suite de la fameuse signature estivale. Car quand Giánnis n'est pas là, Khris prend le relais ! Montant à plus de 26 points et 5 passes de moyenne lors des matchs où le Greek Freak est sur le banc, il a signé l'une des plus grosses perfs de la saison et peut-être le meilleur match de sa carrière en l'absence de Giánnis : 51 points (record en carrière), 10 rebonds, 6 passes à 61,5 % aux tirs (7/10 derrière l'arc !) en moins de 36 minutes (en face, Bradley Beal de Washington en plante 47 !). C'était le 28 janvier. Deux jours plus tard, la NBA annonce les remplaçants du All-Star Game : il en fera partie pour la 2e saison consécutive.

Même si la reprise de la saison en Floride n'a pas été ponctuée par des sorties régulières – à l'instar de nombreux autres joueurs dans ce contexte si particulier de la « bulle » d'Orlando – en playoffs aussi les Bucks peuvent compter sur Khris Middleton : 36 points, 8 rebonds, 8 passes au match 4 du 2e tour face au Heat, gagné en prolongation lors d'un match couperet où Giánnis est sorti au bout de dix minutes sur blessure. Une performance de MVP mais qui n'empêchera pas les Bucks de se faire sortir, surprise des playoffs, au match 5 par les futurs finalistes. Le deuxième meilleur joueur de la meilleure équipe de la saison régulière, aussi discret qu'efficace, a plus que convaincu, échouant de peu à intégrer le 3e meilleur cinq de la saison. Reste à confirmer par un titre de champion.

DONOVAN MITCHELL

24 ANS

ARRIÈRE

45

CLUB

PALMARÈS

X1 All-Star

X2 Joueur de la semaine

Cette saison, voici ce qui aurait pu être l'adage de Donovan Mitchell : pour s'améliorer, ce qui doit augmenter augmente (points, passes, rebonds, pourcentages de réussite) et ce qui doit baisser baisse (fautes et pertes de balle). Donovan Mitchell n'a pas perdu de temps pour confirmer son excellente année *sophomore* et se montrer *clutch* dès l'ouverture de la saison. Pour le premier match face à OKC, il engrange 14 points et 7 rebonds dans le dernier quart pour la victoire (et bat son record total de rebonds, 12). Cinq jours après, il obtient les lancers francs de la victoire face aux Suns à moins d'une seconde du terme. À partir du 11 décembre jusqu'à la mi-janvier, Donovan Mitchell et le Jazz marchent sur l'eau et la NBA : 15 victoires (dont 10 de suite) et 2 défaites. Une belle série (11 matchs à 30 points ou plus depuis le début de la saison) qui s'achève en fanfare dans la défaite pour Mitchell avec 46 points – record perso égalé – face aux Pelicans le 16 janvier. Ce soir-là, Brandon Ingram sera plus fort que lui avec 49 points et la victoire. Voilà d'ailleurs une tendance qui se dégage dans la saison de l'arrière, défaut à gommer et piste de travail pour le reste de sa carrière : 24,9 points et 3,8 passes de moyenne dans les défaites contre 23,4 points et 4,5 passes dans les victoires.

Il n'empêche que ce début de saison canon est récompensé par une première sélection au All-Star Game en compagnie de son coéquipier Rudy Gobert. Doté d'une détente incroyable pour un joueur de sa taille (1,85 mètre), « Spida » Mitchell a encore martyrisé les anneaux et les défenseurs adverses, quand il ne fait pas son tueur à mi-distance (50,5 % de réussite) ou sur des « *long 2* », des paniers à deux points longue distance (44,1 %). Échaudé par l'attitude de Rudy Gobert à la suite de l'interruption de la saison début mars, Donovan Mitchell revient au jeu timidement avant d'aborder la *postseason* la rage au ventre.

Pour le premier match du premier tour face à Denver, il plante 57 points, rien de moins que la 3e meilleure perf de l'histoire des playoffs et un record de franchise ! Endeuillé par le décès de sa grand-mère, il score 51 points au match 4 pour porter l'avance du Jazz à 3 victoires à 1, ce qui fait de lui un des trois joueurs à avoir scoré 50 points ou plus dans une série de playoffs avec Michael Jordan et Allen Iverson, avant de scorer 44 points au match 6. En face, Jamal Murray enquille aussi ! Les deux hommes ont enchaîné les performances offensives et fait tomber les records : le plus grand total de points combinés par deux adversaires sur une série de playoffs (475) et sur un match (101). Ce fameux match 4 a aussi vu pour la première fois deux adversaires scorer 50 points ou plus sur un match de playoffs. Une série historique pour les deux joueurs : 36,3 points de moyenne à 52,9 % aux tirs et 51,6 % à trois points ! Les 33 tirs primés de Mitchell sont également un record, celui-ci chipé à Stephen Curry. Des perfs historiques mais qui ne doivent pas faire oublier le problème de fond évoqué plus haut : Donovan Mitchell a cette tendance à être tout feu tout flamme, une attitude qui s'avère parfois payante, parfois coûteuse. L'arrière se doit également d'être plus altruiste pour franchir un nouveau palier individuel et collectif.

JA MORANT

21 ANS

MENEUR

12

CLUB

Memphis Grizzlies

PALMARÈS

Rookie de l'année (19-20)

Le départ de Mike Conley, du coach David Fizdale et de Marc Gasol a définitivement marqué la fin d'une ère et d'un style de jeu, défensif et austère, à Memphis. L'arrivée de Ja Morant, deuxième choix de draft 2019, et du coach rookie Taylor Jenkins en est le début d'une nouvelle. Avec un effectif rajeuni (seulement six joueurs avec plus de quatre ans d'expérience NBA), Ja Morant et les Grizzlies sont la belle surprise de la saison, affichant un meilleur pourcentage de victoires que la saison passée et des stats offensives surprenantes et en hausse. Dans une Conférence Ouest très compétitive, Memphis a déjoué tous les pronostics et Ja Morant n'y est pas étranger. Tournant pour sa première saison dans l'élite à 17,8 points et 7,3 passes avec un beau pourcentage de réussite (47,7) et déjà 2 triple-doubles, il s'adjuge sans surprise les trophées de rookie du mois de novembre, décembre et janvier avant de se le faire piquer par Zion Williamson en février.

Lauréat logique du trophée de rookie de l'année, Ja Morant a déjà l'assurance d'un vétéran et d'un meneur d'hommes qui défend son territoire et son équipe ! Quand Iguodala refuse de rejoindre l'effectif au début de la saison, Ja Morant appuie son coéquipier Dillon Brooks dans la critique du champion NBA. Un comportement qui se confirme sur le parquet : dès le début de la saison, il fait démonstration de son sang-froid et de sa maturité, endossant sans frémir ce rôle de leader que Memphis espérait le voir prendre dans les années à venir. Pourquoi attendre pour se révéler ? Comme un symbole, pour la première victoire des siens de la saison, le 27 octobre face aux Nets, il contre Kyrie Irving sur sa tentative de *game-winner* en fin de match puis offre la passe décisive en prolongation pour la gagne à Jae Crowder. Le 13 novembre, c'est lui qui score le panier de la victoire sur un *up-and-down layup* dans la raquette encombrée des Hornets.

Son excellente fin de saison à Orlando (19 points, 9,9 passes et 6,4 rebonds) n'empêchera pas ses Grizzlies, 8e avant la reprise, de se faire rattraper puis éliminer en barrage par Portland. Héroïque, il joue les quatre derniers matchs de la saison avec le pouce fracturé, dont cette dernière chance d'accéder aux playoffs face aux Blazers lors de laquelle il plante 35 points, son record de la saison. Une des figures de la nouvelle génération de meneurs qui sévit dans la Ligue depuis deux saisons, malgré son gabarit poids plume (1,90 mètre pour 80 kilos), il n'hésite pas à aller au contact et à dunker sur la tête des plus costauds défenseurs des raquettes adverses. Doté d'une détente exceptionnelle, son dunk raté de la ligne pointillée par-dessus Kevin Love en mode « Vince Carter par-dessus Fred Weis » aurait pu devenir le *highlight* de l'année. On a pu se rattraper avec d'autres gros *posters* et dunks stratosphériques, mais il ne faut pas limiter Ja Morant à son explosivité et au côté spectaculaire de son jeu. Passeur, créateur, motivateur, son association avec Jaren Jackson Jr. augure de belles saisons à venir pour la franchise du Tennessee.

JAMAL MURRAY

23 ANS

MENEUR

27

CLUB

Son excellente saison 2018-2019, conclue par une surprenante campagne de playoffs, a permis au natif de Kitchener, Ontario, Canada, de signer une extension de contrat lucrative à l'été 2019 de près de 170 millions de dollars sur 5 ans à compter de la saison prochaine. Comme souhaité à la suite de la signature d'un tel montant, on s'attend logiquement à une hausse du niveau de jeu ou à une production et une influence au moins équivalentes. La saison de Jamal Murray rentre dans cette dernière catégorie sans être ratée ou décevante, loin de là. Il a continué d'apporter sa contribution au *scoring* (18,5 par match) et à la distribution (4,8 passes en moyenne) pour un rendement dans les standards de sa saison précédente. Et quand ça ne veut pas rentrer, le Canadien trouve le moyen de se rendre utile d'une autre manière, preuve qu'il sait s'adapter à une mauvaise soirée. Prenons exemple sur la soirée du 6 novembre face aux Rockets : en délicatesse avec son shoot (10 points à 4/16), il distribue (9 passes) et chipe des ballons – 6, record en carrière – pour la victoire. Même si les moyennes affichées cette saison ne sont pas encore au niveau All-Star (quoique), sa présence sur le terrain veille tout de même à la bonne marche des Nuggets avec un +/- supérieur à celui du double All-Star des Nuggets, Nikola Jokić (4,1 contre 3,5). Les Nuggets connaissent donc sa valeur pour les moments chauds. De retour de blessure début août, il bat son record personnel de rebonds avec 12 prises (et en frôlant le triple-double : 23 points et 8 passes) face à Utah le 8 août pour une victoire de deux points. Une bataille par ailleurs annonciatrice de l'une des meilleures séries des derniers playoffs.

Finalement, cela n'a donc été qu'une demi-surprise de voir Jamal Murray performer à un tel niveau lors des playoffs. Demi-surprise car on n'attendait pas forcément un tel volume de sa part au vu de ses performances en saison régulière. Quand bien même il a pu faire des gros matchs cette année (comme ces 39 points et 8 passes à 7/12 à trois points en trois quarts-temps le 17 novembre face à Memphis, ou encore 36 points à 14/17 aux tirs et 6/8 de loin à Phoenix le 8 février), difficile de prédire un tel feu d'artifice en *postseason*. Demi-surprise car l'année passée, les playoffs avaient été le théâtre de l'explosion du meneur des Nuggets lors de leurs deux séries disputées en 7 manches. Face au Jazz mené par un Donovan Mitchell tout aussi historique (voir par ailleurs) qui ouvre les hostilités avec 57 points, Murray est déjà chaud (36 points, 9 passes, 5 rebonds à 6/9 derrière l'arc). Quand Jokić bataille face à Rudy Gobert, Jamal Murray se mesure à Donovan Mitchell. Murray aligne trois performances colossales aux matchs 4, 5 et 6 : 50, 42, puis de nouveau 50 points ! Il ajoute 8 rebonds et 7 passes de moyenne à plus de 60 % aux tirs et à trois points sur ces trois matchs d'anthologie pour forcer un match 7 et aller affronter les Clippers au second tour. Deuxième épopée en 7 actes valeureuse (22,6 points, 6,4 passes), puis nouvelle démonstration face aux Lakers (25 points, 7,4 passes à 51,8 % aux tirs !). Vidé par une telle activité (près de 40 minutes de temps de jeu en moyenne en playoffs), Jamal Murray tombe les armes à la main au bout du match 5 de la finale de conférence. À quand un tel niveau en saison régulière ?

CHRIS PAUL

35 ANS

MENEUR

3

CLUBS

PALMARÈS

X10 All-Star
X1 MVP du All-Star Game (13)
X13 Joueur de la semaine
X8 Joueur du mois
Rookie de l'année (05-06)

X4 Meilleur passeur de la saison (07-08, 08-09, 13-14,14-15)
X6 Meilleur intercepteur de la saison (07-08, 08-09, 10-11 11-12,12-13, 13-14)

Chris Paul aurait-il trouvé l'emplacement de la fontaine de Jouvence ou les plans de la machine à voyager dans le temps ? À trente-cinq ans, celui qui a été échangé avec Russell Westbrook à l'intersaison pour atterrir dans une franchise en pleine reconstruction a vécu une véritable renaissance. Endossant à la perfection le rôle de mentor et de « *player-coach* » d'une équipe très jeune, on a retrouvé le meneur époque New Orleans, qui retrouvait d'ailleurs à Oklahoma City la salle qui l'avait vu poser ses premiers dribbles en NBA il y a de cela quinze ans. L'un des meilleurs manieurs de ballon de l'histoire a encore de quoi casser des chevilles et assez de jus pour finir au cercle... (et hop, un petit *alley-oop* pour le dunk au All-Star Game). *Floaters, step-backs*, derrière l'arc... La boîte à outils est toujours aussi bien remplie !

Plus important, il a prouvé que même si son salaire était mirobolant et que cela pouvait plomber le projet d'une franchise, il restait l'un des meilleurs meneurs gestionnaires de tous les temps. Serait-il définitivement meilleur sans superstar autour de lui ? Chris Paul a affiché cette saison le même tempérament que son équipe : on ne lâche rien et surtout, on n'a pas apprécié d'être enterrés avant même le début de la saison ! Sur les 44 victoires que compte le Thunder cette saison, 17 d'entre elles ont été arrachées en étant menés à l'entame du dernier quart-temps, avec un CP3 encore *clutch* à de très nombreuses reprises dans ces remontadas. Le 16 décembre face aux Bulls, avec un écart qui est monté jusqu'à 26 points : 30 points, 8 passes, 10 rebonds dont 5 trois points et 4 lancers dans le 4e quart pour le plus gros comeback de l'histoire du Thunder à domicile. Le 18 décembre face à Memphis, 24 points à rattraper au milieu du 3e quart-temps ? CP3 en plante 9 dans le dernier. Quelques jours plutôt, c'est par son QI basket et son sens de l'observation (d'aucuns parleront de sournoiserie...) que CP3 avait permis aux siens d'arracher la prolongation. Face aux Wolves le 6 décembre, à 1 seconde du buzzer avec 2 points de retard, Towns est aux lancers mais Chris Paul fait remarquer aux arbitres que Jordan Bell est entré en jeu sans avoir rentré son maillot dans son short ! Faute technique, lancer réussi de Gallinari puis de Towns, égalisation au buzzer de Schröder et victoire d'OKC en prolongation. Et la liste d'actions décisives continue, comme le 7 janvier face aux Nets, avec 20 points en 4e quart et en prolongation... Ses 143 points inscrits dans les cinq dernières minutes sont d'ailleurs le plus gros total de la Ligue. Même s'il a laissé le soin à Shai Gilgeous-Alexander et ses autres lieutenants de s'occuper du *scoring*, il possède le meilleur +/- du Thunder (4,7 points de plus que leurs adversaires quand CP3 est sur le terrain) et son apport offensif pèse toujours autant sur un match : quand il marque 25 points ou plus, le Thunder engrange 11 victoires et 1 seule défaite.

En playoffs, Chris Paul s'est de nouveau montré essentiel, notamment lors du match 6 du premier tour face aux Rockets (28 points dont 15 dans le dernier quart) pour arracher un match 7 que le Thunder, 5e de la Conférence Ouest, finira par perdre. Élu dans le 2e meilleur cinq de la saison, personnage incontournable du paysage NBA, le président du syndicat des joueurs qu'est Chris Paul a prouvé qu'il avait encore quelques belles années devant lui.

KRISTAPS PORZIŅĢIS

35 ANS

AILIER FORT

6

CLUBS

PALMARÈS

X1 All-Star

X2 Joueur de la semaine

Débarqué de New York en janvier 2019, *out* depuis février 2018, l'intérieur letton a eu tout le temps de soigner sa blessure au genou et de se rappeler au bon souvenir des défenses NBA avec son jeu si particulier alternant shoots extérieurs et domination intérieure. Tandis que Luka Dončić attire tous les regards du côté de Dallas, après une saison blanche Kristaps Porziņģis boucle un exercice digne de son année All-Star chez les Knicks, à 20,4 points, 9,5 rebonds et 2 contres de moyenne. Avec Luka Dončić, le duo des Mavericks a fait des ravages après avoir semble-t-il trouvé sa vitesse de croisière et mis en place des automatismes. KP6 ne pouvait rêver de meilleur partenaire pour le remettre sur de bons rails et trouver le chemin du succès. Voilà un autre duo qui peut sévir de loin comme en pénétration, en alternant jeu extérieur et intérieur.

D'ailleurs, peut-on vraiment le qualifier de pivot ? Et franchement, fait-il vraiment 2,21 mètres ? Rapidité, fluidité, mobilité et technique sont les caractéristiques principales de ce joueur élancé (2,21 mètres certes mais « seulement » 108 kilos) qui a la capacité de se débarrasser des intérieurs moins rapides que lui et de jouer comme un ailier, avantagé par sa taille. Ses longs segments lui permettent de tirer de loin (plus de 7 tirs primés tentés par match), de rattraper des *alley-oops* et des points sur des claquettes dunks, de contrer (7 matchs avec au moins 5 contres) et de vendanger des rebonds (25 matchs en double-double points-rebonds). En attaque on le retrouve plus souvent posté derrière la ligne à trois points que dans la peinture à se faire une place sous le cercle. Les défenseurs ont le choix de leur poison ! Que ce soit sur des *picks and rolls* pour s'ouvrir un chemin vers le cercle ou des *picks and pops* très hauts avec Luka Dončić, ces derniers offrant à Porziņģis la possibilité de dégainer de très loin (11/25 entre 9 et 11 mètres), les deux All-Stars ont pléthore de solutions à développer pour découper les défenses adverses.

Malgré cette propension à joueur à l'extérieur, le basket reste un sport de grands, et sa grande taille est un atout (de taille*) in the paint* : 73 % de réussite au cercle et un record personnel de rebonds (18) le 22 décembre dans une victoire à Philly (avec 22 points et 3 contres). Sans oublier la défense, avec 7 matchs à 5 blocks ou plus. Porziņģis a retrouvé la forme et son rythme et a même eu l'occasion de montrer son visage de *franchise player* et de prendre ses responsabilités en l'absence de Dončić sur blessure, comme en témoignent ses 28,8 points et 10 rebonds à 48,8 % aux tirs et 39,5 % à trois points du 31 janvier au 10 février, avec deux grosses sorties à au moins 30 points, 10 rebonds et 5 contres. Le plein de confiance fait, « Unicorn » s'est aussi illustré quand le prodige slovène est revenu à la mène des Mavs ; Porziņģis a ainsi hérité du trophée de joueur de la semaine du 24 février au 2 mars, terminant ce beau passage en s'amusant face aux Wolves (38 points, 13 rebonds, 4 passes et 5 contres). Pour sa première campagne de playoffs, KP6 n'a malheureusement pas apporté tout ce qu'il aurait pu face aux Clippers, blessé au genou droit lors du premier match de la série. Une apparition en *postseason* qui ne sera pas un *one-shot*.

JULIUS RANDLE

35 ANS

AILIER FORT
PIVOT

30

CLUBS

Les dirigeants des Knicks n'ayant pas réussi à s'assurer les services de Kevin Durant à l'intersaison, ils se sont rabattus sur Julius Randle. Auteur de sa meilleure saison en carrière chez les Pelicans (21,4 points, 8,7 rebonds), principalement en sortie de banc, il a débarqué à New York en compagnie de son coéquipier Elfrid Payton pour endosser un nouveau rôle : celui de *starter,* principale arme offensive avec Marcus Morris Sr., lui aussi nouveau résident du Madison Square Garden.

Gaucher plutôt habile (49,3 % en carrière aux tirs), Julius Randle sait se créer des occasions grâce à sa palette technique bien fournie et sa capacité à écarter le jeu. On attendait beaucoup de son association avec Morris Sr. et le rookie R.J. Barrett. Randle a prouvé qu'il pouvait certes remplir la feuille de stats (8 matchs à 30 points ou plus, 30 double-doubles cette saison), mais le bilan sera plus nuancé, la faute à une saison encore décevante pour les Knicks. Quelques bonnes sorties sont à noter, comme cette grosse performance (33 points, 8 rebonds, 5/9 à trois points) dans le derby new-yorkais remporté face à Brooklyn le lendemain de Noël. Dans son sillage, New York enchaîne sur deux autres victoires (28,3 points et 12,3 rebonds de moyenne sur cette série). Voilà de quoi redonner (un peu) le sourire aux fans de Big Apple. Ce duel de voisins remporté par les Knicks marque également le début de la première série de plus de 2 victoires de suite de leur saison… Malheureusement pour les fans et les joueurs, ils ne feront mieux qu'à une seule reprise jusqu'à la fin de la saison, à savoir 4 victoires d'affilée entre le 1er et le 8 février lors de laquelle Julius Randle sera légèrement plus discret (18,8 points et 10,3 rebonds).

Après le départ début février de Marcus Morris Sr. pour les Clippers, son rôle de *starter* s'est mué en celui de leader d'une franchise en manque de repères. Au début de la saison, Julius Randle avait tardé à prendre à bras-le-corps ce nouveau statut, mais aussitôt après le transfert de Morris Sr., il a su relever le défi, comme le prouvent ses stats en hausse à 21,3 points et 10,5 rebonds de moyenne, en comparaison avec ses 19,5 points et 9,7 rebonds sur la saison.

Dans le vestiaire, cela s'est avéré plus compliqué que dans la raquette : on lui a souvent reproché de garder la balle trop longtemps et son penchant à trop dribbler. Sur le papier, le tandem qu'il forme avec R.J. Barrett est très intéressant et prometteur ; il ne leur reste qu'à trouver la bonne formule pour opérer ensemble sereinement, et cela passera forcément par un partage de la balle plus équilibré que cette saison. Évidemment, il ne faut pas oublier de remettre tout cela en perspective : la situation instable de la direction de la franchise (départ du coach après 22 matchs, un *front office* en recherche de solutions depuis plusieurs années) n'a peut-être pas aidé non plus…

DERRICK ROSE

32 ANS

MENEUR

25

CLUBS

PALMARÈS

X1 MVP de la saison (10-11)

X3 All-Star

X5 Joueur de la semaine

X2 Joueur du mois

Rookie de l'année (08-09)

Dwane Casey avait prévenu tout le monde dès le premier mois de la saison : le coach de Detroit n'utiliserait pas Derrick Rose plus de 30 minutes par match. Promesse quasiment tenue : sur ses 50 apparitions avec le maillot de Detroit sur le dos, le temps de jeu de Derrick Rose n'a dépassé les 30 minutes qu'à neuf occasions, et encore, cela n'arrivera qu'à partir du 9 janvier. Un changement de stratégie qui a ses raisons : après les blessures de Luke Kennard et Blake Griffin fin décembre, Detroit a bien besoin d'un joueur du calibre de Derrick Rose pour rester à flot. En très bonne forme dès octobre et au sortir d'une saison plus que convaincante à Minnesota, le MVP 2011 a très vite été adopté par le public de Motor City.

Renaissance, rédemption et réalisme : il le répète depuis deux ans, Derrick Rose est bien conscient de la chance qu'il a de pouvoir montrer qu'il lui reste du basket après avoir arpenté un véritable chemin de croix depuis ses années Chicago. Vivant le moment présent, grâce à un enchaînement de circonstances, la porte s'est ouverte de plus en plus et il a su saisir sa chance et surtout prendre ses responsabilités. Les blessures de Kennard et Griffin, l'absence de Reggie Jackson (blessure dès le deuxième match de la saison puis départ aux Clippers fin février) au même poste que lui puis, début février, le départ d'Andre Drummond à Cleveland, tout cela ne laisse pas d'autre choix à Derrick Rose que de s'assumer *de facto* leader des Pistons. En plus d'être le meilleur marqueur (18,1 points) et passeur (5,6) de son équipe et de réaliser sa meilleure saison au niveau de l'adresse (49 % aux tirs), il s'est remis à attaquer le panier sans retenue et jouer son vrai jeu, la faute à des défenses plus permissives à son égard.

Malgré une fin de match ratée fin novembre face à Charlotte qui a coûté la victoire aux siens, D-Rose s'est ensuite rattrapé et s'est montré ultra *clutch* à plusieurs occasions dans le *money time*. Contre New Orleans en décembre, il score 17 de ses 21 points dans le dernier quart-temps et surtout le panier de la gagne sur un superbe *fadeaway* en se décalant sur sa droite après avoir effacé son vis-à-vis d'un *spin move* dont il a encore usé à maintes reprises cette saison. Le 7 janvier, face à Cleveland, il fait la démonstration de toute sa panoplie offensive dans les dernières minutes d'un match serré : *floater,* trois points dans le coin, passes décisives, à mi-distance... Le 28 février, c'est Phoenix qui subit : 31 points en à peine 30 minutes, et dans la dernière minute, tout en feintes et en dribbles, il plante deux *hook shots* en force dans la raquette pour arracher la victoire.

Recrue expérimentée, efficace (à l'image de ses 27 points à 12/17 et 9 passes en 26 minutes pour la victoire chez les Hawks le 18 janvier) et très rentable pour les Pistons (15 millions de dollars sur deux ans), on a retrouvé un Derrick Rose qui s'épanouit dans ce rôle de remplaçant de luxe qui l'a aidé à revenir au plus haut niveau depuis deux ans.

D'ANGELO RUSSELL

24 ANS

MENEUR

0

CLUBS

PALMARÈS

X1 All-Star

X1 Joueur de la semaine

D-Lo va enfin pouvoir se poser ! Déjà passé par quatre équipes en cinq saisons, le meneur All-Star a rejoint son pote Karl-Anthony Towns dans le Minnesota. Leur rencontre date du lycée à l'occasion d'un match entre leurs équipes respectives, début d'une solide amitié. Leurs chemins se sont croisés de nombreuses fois depuis, notamment lors des *workouts* de la draft 2015, qui les verra se faire sélectionner aux deux premières places de cette promotion (KAT en 1er choix par Minnesota, Russell en 2e choix par les Lakers). Son transfert aux Wolves avait été pressenti à l'intersaison mais il lui a fallu d'abord rejoindre les Warriors en échange de Kevin Durant en partance pour Brooklyn puis attendre début février et un *trade* pour que son souhait se réalise. Rejoindre une franchise de bas de tableau, était-ce réellement son désir le plus cher ? À la suite de son transfert, Russell a déclaré au Bleacher Report que « jouer avec mon frangin » était « une étape importante » dans sa carrière.

De son propre aveu, c'est une étape qu'il n'aurait pas pu appréhender sans les leçons apprises auprès de ses désormais ex-coéquipiers et dirigeants. Arrivé à l'intersaison chez les Warriors, D'Angelo Russell s'est vu propulsé leader d'une équipe bis (voire ter) et principale menace offensive des finalistes 2019 à la suite de la blessure de Stephen Curry. Moins bien entouré que chez les Nets avec qui il avait réussi à accrocher les playoffs, on note quand même une hausse de ses stats offensives (de 23,1 à 23,6 points par match, des taux de réussite aux tirs et à trois points en amélioration), mais cela ne fera pas de miracles. Nous n'avons pas eu le temps de voir ce que l'association avec Curry pouvait donner, au vu des quatre petits matchs que les deux meneurs ont joués ensemble. DLo aime garder la balle, ce qui ne correspond pas au jeu prôné par Steve Kerr et dans lequel Stephen Curry et Klay Thompson excellent. Pas de regrets ? Il faudra statuer après avoir vu ce que produira le nouveau duo de All-Stars à l'Ouest.

Voilà un meneur qui va faciliter le jeu pour Towns le pivot dominant et multifacettes en attaque, le meilleur « *fit* » possible qui va donner lieu à de nombreux *picks and rolls* même s'il devra forcément passer par une phase d'adaptation. Un des derniers joueurs à aimer tirer à mi-distance, en ce sens il va à l'encontre de la tendance actuelle et des statistiques avancées sur lesquelles s'appuie le *coaching staff* des Wolves. DLo a déjà prouvé qu'il était prêt pour les grands moments, mais pour en vivre avec les Wolves, il devra se montrer patient et cela devra aussi passer par une plus grande implication en défense.

Avec KAT, ils ont acheté chacun 1000 tickets à distribuer aux fans pour ses débuts avec le maillot des Wolves. D'Angelo Russell l'a bien fait comprendre, il compte bien rester longtemps dans le Minnesota, et c'est presque en messie qu'il y a été accueilli par les fans et l'organisation.

DOMANTAS SABONIS

24 ANS

AILIER FORT
PIVOT

11

CLUB

PALMARÈS

X1 All-Star

Après les mouvements internes estivaux au sein des Pacers et la signature d'un nouveau contrat, Domantas Sabonis a intégré le *starting five* d'un effectif largement remanié et profité pleinement de cette marque de confiance en haussant son niveau de jeu. Deuxième des scrutins la saison passée pour le trophée du meilleur 6e homme, il a montré cette saison qu'il pouvait être bien plus qu'un remplaçant de luxe en montant toutes ses statistiques et en aidant les Pacers à maintenir leur rang à l'Est malgré la blessure de leur *franchise player,* Victor Oladipo, pour une bonne partie de la saison.

En son absence, Domantas Sabonis a dû endosser le leadership des Pacers. Cette saison, le jeu d'Indiana a tourné principalement autour de lui grâce à sa polyvalence en attaque et la façon dont il facilite la circulation de la balle. Que ce soit son jeu de passe, ses écrans, au poste bas ou en *pick and roll,* « Domas » se démultiplie et sait mettre les autres dans une bonne situation, tant par sa vision du jeu que par sa présence. Utilisé comme ailier fort en défense et pivot en attaque, où il est le plus à l'aise, il a appris à muscler son jeu et jouer des coudes dans la raquette et au poste. 10 minutes de présence supplémentaires sur le terrain par rapport à la saison passée permettent au fils de la légende Arvydas Sabonis d'amasser plus de 4 points, 3 passes et 3 rebonds supplémentaires et ainsi de tourner en double-double de moyenne (18,5 points et 12,4 rebonds) sur la saison. Affichant une régularité exemplaire (seulement 2 sorties à moins de 10 points et 12 matchs à moins de 10 rebonds), ses 50 matchs en double-double (dont 4 en triple-doubles) le font pointer au 3e rang de cette catégorie derrière Hassan Whiteside des Blazers (51) et Giánnis Antetokoúnmpo (56).

Confirmation réussie de cette transition du banc au cinq de départ en à peine 50 matchs : le 30 janvier, son excellent début de saison est récompensé par l'annonce des remplaçants au prochain All-Star Game, avec une participation au Skills Challenge (défaite en finale) en guise d'apéritif. Ses progrès ne sont pas passés inaperçus auprès de ses pairs, comme l'atteste ce moment sympa lors de l'entraînement des All-Stars : pour rigoler, LeBron James imite ses mouvements de coude au poste pour se défaire de ses opposants, une des marques de fabrique du Lituanien.

4e de la Conférence Est à l'interruption de la saison, c'est une place de mieux que la saison passée. Un All-Star en a remplacé un autre mais absent de la bulle d'Orlando à cause d'une blessure à la voûte plantaire, Domantas Sabonis n'a rien pu faire pour éviter le coup de balai infligé par Miami, 5e.

PASCAL SIAKAM

26 ANS

AILIER FORT

43

CLUB

PALMARÈS

X1 All-Star

X3 Joueur de la semaine

Most Improved Player (18-19)

Champion et MVP des Finals en G-League en 2017 avec son actuel coéquipier Fred VanVleet. Meilleure progression et champion NBA en 2019. Au début de la saison 2019-2020, la question se pose : où s'arrêtera Pascal Siakam, désormais leader de l'équipe des champions en titre qui n'ont rien à perdre et qui feraient presque office d'outsider surprise ? Les dirigeants des Raptors lui ont fait parapher une extension de contrat de près de 130 millions de dollars sur 4 ans juste avant le début de la saison. Kawhi Leonard étant parti sous des latitudes plus chaudes et sans recrutement d'envergure pour le remplacer, par la force des choses Spicy P a hérité des rênes des Raptors. Et il s'est acquitté de cette tâche avec application, sérieux et avec une énorme confiance en lui ! Le MIP de la saison passée a fait monter toutes ses stats (et notamment sa moyenne de points par match, 22,9 contre 16,9 la saison passée) au point de prétendre légitimement au trophée de MIP pour la deuxième année de suite.

Et Pascal Siakam de mettre les choses au point dès le début de la saison ! Non, les Raptors ne seront pas une équipe de milieu de tableau et oui, les champions en titre vont défendre leur couronne et aller en chercher un autre. 34 points et 18 rebonds face à New Orleans pour l'ouverture de la saison, ça calme (les pauvres Pelicans subiront de nouveau les foudres de Siakam deux semaines après : 44 points, record en carrière égalé). 28 points et 9,2 rebonds de moyenne sur les 5 premiers matchs de la saison et voilà les Raptors à 4 victoires pour 1 défaite. Le ton est donné, les pronostics sont révisés et les honneurs continuent de tomber au fur et à mesure de l'excellente saison des Raptors. Pascal Siakam est nommé par deux fois joueur de la semaine entre novembre et la fin janvier et est élu *starter* pour le premier All-Star Game de sa carrière.

Tout au long de la saison, son impact sur les résultats de son équipe est une évidence. En son absence (blessure à l'aine entre le 20 décembre et le 8 janvier), Toronto est à 6 victoires pour 5 défaites. Quand il est présent et score au moins 25 points, c'est un bilan ahurissant de 19 victoires pour une seule défaite ! Et quand il pointe à 17 unités ou plus, les Raptors accumulent 38 victoires pour 5 petites défaites ! C'est d'abord par son activité en attaque que Pascal Siakam se distingue, avec sa grande envergure qui fait des ravages en pénétration, sa présence dans les tirs de champ et à trois points et sa rapidité dans le jeu en transition des Raptors, la meilleure équipe de la NBA dans ce secteur (près de 19 points par match en contre-attaque). Tout cela ne l'empêche pas de s'activer en défense, notamment sur les extérieurs : le Camerounais est ainsi celui qui conteste en moyenne le plus de tirs adverses derrière l'arc de la NBA (plus de 5 par match).

À la reprise de la saison, Pascal Siakam a eu du mal à s'adapter à la bulle d'Orlando. Sa méforme et son manque de rythme n'ont pas aidé les Raptors à surmonter l'obstacle Celtics au second tour des playoffs. Les champions en titre s'arrêtent donc là pour le moment mais l'avenir ne s'assombrit pas pour autant pour eux. G-League puis 2e meilleur attaquant d'un champion NBA et maintenant *franchise player*, All-Star et All-NBA *2nd team* en seulement 4 ans ; une nouvelle fois, où s'arrêtera Pascal Siakam ?

BEN SIMMONS

24 ANS

MENEUR

25

CLUB

PALMARÈS

X2 All-Star

X3 Joueur de la semaine

Rookie de l'année (17-18)

X1 Meilleur intercepteur de la saison (19-20)

Le 30 novembre 2019, à 15 secondes du buzzer, les 76ers comptent encore un point de retard face aux Pacers. Trois interceptions, une passe décisive et une défense étouffante sur Myles Turner plus tard, et en 15 secondes donc, par sa défense et sa présence, Ben Simmons vient de donner la victoire aux siens. Belle illustration de sa versatilité : certes, son absence derrière l'arc et son pourcentage aux lancers (59,3 % en carrière) sont deux grosses anomalies dans le paysage de la NBA 2020. On aurait tendance à oublier que l'on peut être *clutch* en fin de match à d'autres endroits du terrain que derrière la ligne des lancers francs ou à trois points ; moqué pour sa « timidité » dans ce secteur, ces lacunes occultent l'impact et l'influence que peut avoir Ben Simmons sur tous les autres aspects de jeu – dont l'attaque – de son équipe.

À stats similaires, le natif de Melbourne a battu cette saison son record de points (34), de passes (17) et d'interceptions (7) et compense ses faiblesses de loin par une agressivité au cercle et une vista exceptionnelle. Capable de claquer des dunks puissants en contre-attaque, en pénétration, de récupérer des points sur des *alley-oops* ou des claquettes, Ben Simmons sait aussi faire dans la finesse (*finger roll, euro step*...). Future machine à triple-doubles, l'Australien est cette saison le meneur avec le plus de double-doubles (31), une production à l'impact non négligeable : 5 victoires-1 défaite sur ses 6 triple-doubles ; 14-5 quand il fait au moins 10 *assists* ; 8-4 quand il vole au moins 4 ballons. Élu joueur de la semaine pour la première fois de sa carrière le 20 janvier, cette distinction conclut un mois de rendement en quasi triple-double de moyenne (19,1 points, 9,1 passes, 9,7 rebonds depuis le 21 décembre). Dix jours plus tard, il est nommé All-Star pour la deuxième année de suite. Au poste de meneur depuis son arrivée en NBA, sa grande taille (2,08 mètres) et son envergure alliées à sa mobilité lui permettent de basculer au poste d'ailier fort, voire de pivot en attaque, mais aussi – et surtout – de défendre sur tous les postes. Car c'est bien dans ce secteur qu'il s'est illustré cette saison : meilleur intercepteur de la saison (2,1 par match) et 3e pour les « deflections » (les déviations de balle), il est élu dans le meilleur cinq défensif de la NBA et finit 4e aux votes de défenseur de l'année (1er ailier de ce classement). Également 6e passeur, 8e pour les points dans la raquette et 1er ex aequo au nombre de balles perdues récupérées, cette saison accomplie le voit finir dans la All-NBA 3rd Team.

Ben Simmons est donc bien l'un des meilleurs prototypes de « *point forward* », mélange de « *point guard* » (meneur) et de « *power forward* » (ailier fort), « officiellement » décalé à ce poste à la reprise à Orlando par son coach Brett Brown avant qu'une blessure au genou gauche le 5 août le force à quitter ses coéquipiers et la bulle de Disney pour aller se faire opérer. Capable de prendre le match à son compte et d'être le vrai patron de l'équipe (surtout en l'absence d'Embiid), il rencontre tout de même encore quelques difficultés à s'épanouir en présence de son pivot. Au retour de Simmons, ses dirigeants auront des décisions à prendre pour aller de l'avant : à quel poste le faire grandir et qui, de lui ou d'Embiid, est le véritable *franchise player* des 76ers.

JAYSON TATUM

22 ANS

AILIER

0

CLUB

PALMARÈS

X1 All-Star

X1 Joueur de la semaine

X1 Joueur du mois

L'un des derniers disciples de Kobe Bryant, avec qui il a travaillé durant l'été 2018, a complètement justifié son statut de superstar à l'issue de sa troisième saison dans l'élite. Statut hérité après une saison en constante évolution lors de laquelle l'ailier s'est mué naturellement en *franchise player* et futur de l'avenir des Celtics. Aux côtés d'un nouveau meneur apaisant et motivant, Kemba Walker, et de son compère depuis ses débuts en NBA en 2017 et au sein de Team USA, Jaylen Brown, qui a lui aussi explosé cette année et qui continue de progresser à ses côtés (voir par ailleurs), Jayson Tatum a connu une énorme progression, attendue mais qui confirme son potentiel (4e aux votes pour la meilleure progression). 8 points, 1 passe et 1 rebond de plus avec un pourcentage de réussite aux tirs toujours aussi élevé (45 %) et en hausse derrière l'arc (40,3 %, + 3), il est cette saison le meilleur marqueur des Celtics et possède le *win shares* et le +/- les plus élevés de son équipe.

Ayant apporté à l'intersaison un peu plus de muscle dans son physique et dans son jeu, il est vrai que l'on retrouve du Kobe dans le 3e choix de la draft 2017. De plus, ses progrès en défense et à la passe ne sont pas passés inaperçus, notamment en *postseason.* Quand il s'obstinait à prendre des tirs compliqués la saison dernière, cette année il n'a pas hésité à chercher et trouver le coéquipier dans une meilleure position que lui. Revigoré par l'arrivée de Kemba Walker et l'éclosion parallèle de Jaylen Brown, Jayson Tatum s'est imposé comme l'un des meilleurs ailiers de la Ligue et leaders de la nouvelle génération. Le panier de la gagne face aux Knicks le 1er novembre, 41 points le 11 janvier face aux Pelicans (record perso battu), 5 matchs à 30 points ou plus, un excellent bilan collectif... Il n'en fallait pas plus pour convaincre les votants de sélectionner Tatum pour le All-Star Game. Une sélection qui l'obsédait et qui semble l'avoir libéré sur le terrain : il est en effet élu joueur de la semaine, celle précédant le Match des Étoiles, puis joueur du mois de février. Un dernier mois de compétition avant l'interruption qui l'a vu tourner à plus de 30 points de moyenne (30,7) en tutoyant les 50 % de réussite aux tirs et à trois points. Il plante par ailleurs de nouveau 41 points dans une défaite de 2 points dans le classico face aux Lakers le 23 février. Deux jours après, il bat son record de trois points sur un match (8, pour la victoire face à Portland). Son *scoring* tient une place importante dans la réussite collective des Celtics : quand il score 20 points ou plus, Boston cumule 35 victoires pour 7 petites défaites.

Sa place dans le 3e meilleur cinq de la saison tombe sous le sens également au vu de sa *postseason.* La marque des plus grands : déjà armé d'une solide expérience en playoffs (28 matchs de playoffs sur ses deux premières saisons), Jayson Tatum a haussé son niveau de jeu à Orlando, passant de 23,4 à 25,7 points, de 7 à 10 rebonds et de 3 à 5 passes. Ne se laissant pas submerger par des contre-performances, il a su rebondir et a porté son équipe quand les autres stars de l'équipe étaient dans le dur et l'a emmenée en finale de conférence, sa deuxième en trois saisons. Le tout à seulement vingt-deux ans.

NIKOLA VUČEVIĆ

30 ANS

PIVOT

0

CLUBS

PALMARÈS

X1 All-Star

X3 Joueur de la semaine

À une époque où les *rosters* évoluent profondément d'une saison à l'autre avec des superstars qui ne restent que quelques saisons dans une franchise avant d'aller chasser une bague de champion dans une autre, Nikola Vučević serait presque un cas à part. Le pivot monténégrin a signé une prolongation à l'été 2019 de quatre ans à 100 millions tout ronds alors qu'il pouvait prétendre : d'une, à plus d'argent, et de deux, à plus d'argent dans une équipe en lice pour le titre cette saison ou dans les saisons à venir. Un effort que le pivot explique par des raisons sportives (aider son équipe à prolonger ses coéquipiers et recruter d'autres joueurs en ne plombant pas la trésorerie avec un contrat maximum) et extrasportives. Bien installé en Floride avec sa famille, « Vooch » s'épanouit dans sa franchise et sa relation privilégiée avec Evan Fournier n'est pas étrangère à ce sentiment. Après avoir fait la meilleure saison de sa carrière l'année passée avec une première sélection All-Star et une première apparition en playoffs avec le Magic, rendez-vous était de nouveau pris pour l'intérieur pour le premier tour des playoffs – au moins.

Un début de saison dans ses standards en carrière (18,2 et 12,1 rebonds) a aidé le Magic à tutoyer l'équilibre (6 victoires-7 défaites). Montant en puissance après 10 matchs de saison régulière, Nikola Vučević est même élu joueur de la semaine du 13 au 17 novembre (comme un an plus tôt la même semaine !), aidant son équipe à remporter trois matchs à la suite. Trois jours après, une entorse à la cheville droite face aux champions en titre l'envoie à l'infirmerie jusqu'à la mi-décembre. Le retour à la compétition est un peu laborieux, mais le pivot ne se déconcentre pas pour autant, battant au passage son record en carrière aux interceptions (6 contre les Blazers le 20 décembre). Trois semaines plus tard, dans une bataille cruciale face aux Nets dans la course aux playoffs à laquelle Orlando finira à la dernière place qualificative, c'est par son activité et son sens du placement qu'il se distingue en amassant 24 rebonds (soit la 2e plus grosse moisson individuelle de la saison).

Ces statistiques lui permettent de s'inscrire dans la grande tradition des pivots du Magic (Dwight Howard, Shaquille O'Neal) mais avec une dimension supplémentaire : sa capacité à écarter le jeu, sa vision ainsi que sa technique plus en finesse en font un pivot des temps modernes, moins attentiste et plus créateur que ses prédécesseurs. Face au n° 1 de la Ligue, Milwaukee, Vooch est le grand artisan de la première surprise de la *postseason made in* Orlando : comme qui dirait à domicile, le Magic prend le match 1 aux Bucks grâce à un Vučević qui a fait du Giánnis (35 points, 14 rebonds à 62,5 % aux tirs). La logique de la saison s'empare du reste de la série et Milwaukee s'imposera sur les quatre matchs suivants avec une quinzaine de points d'écart malgré des playoffs XXL de la part de Nikola Vučević (28 points, 11 rebonds et 4 passes de moyenne sur la série).

KEMBA WALKER

30 ANS

MENEUR

8

CLUBS

PALMARÈS

X4 All-Star

X7 Joueur de la semaine

« *Smooth* » : se dit de quelqu'un dont les mouvements sont « fluides », « sans à-coups », mais aussi d'une personne « calme », « tranquille ». L'adjectif parfait pour décrire à la fois le jeu de Kemba Walker – tout en *crossovers*, attaques en sorties d'écran et mécanique de tir soyeuse – et son comportement au sein d'un collectif. Un « *nice guy* » apprécié de tous. Difficile de trouver un joueur au tempérament plus à l'opposé de celui de Kyrie Irving, parti aux Nets à l'intersaison et remplacé par l'ex-meneur des Hornets et avant ça des Bobcats. Un état d'esprit positif qui l'a aidé à s'intégrer à Boston ; la transition s'est faite comme sur du velours, et les Celtics ont pu tourner sereinement la page. Kemba Walker a connu tellement d'années de disette à Charlotte (44 % de victoires et seulement 2 apparitions en playoffs en 8 saisons, sans jamais dépasser le 1er tour) que cette saison victorieuse à Boston (48-24, 3e de la Conférence Est) a dû lui sembler d'autant plus savoureuse, et cela s'est ressenti sur l'ensemble des locataires du TD Garden.

Après un début timide, « Cardiac » Walker enchaîne 3 matchs à plus de 30 points et les Celtics s'envolent sur une série de 10 victoires. 23-8 à la fin décembre, Kemba est enfin dans une équipe qui gagne où il n'a pas à se démultiplier tous les soirs pour arracher des victoires sur le fil. Ses moyennes sont dans ses standards en carrière (20,4 points, 4,8 passes à 42,5 % de réussite aux tirs et 38,1 % à trois points) mais avec une nette baisse de productivité au *scoring* (5 points de moins que la saison passée, logique quand on se retrouve aux côtés de jeunes attaquants talentueux que sont Jaylen Brown et Jayson Tatum, voir par ailleurs). Cela lui a permis d'exprimer un autre de ses talents : le leadership positif, qualité louée par tous ses coéquipiers, passés ou actuels. Et alors qu'il n'avait manqué presque aucun match à Charlotte (seulement 6 rencontres de 2015 à 2019), comme s'il ne s'y autorisait aucun relâchement, cette saison il en a passé 15 sur le banc, en grande partie à cause de son genou gauche qui le gênera jusqu'à la fin de la saison. Autre preuve de sa popularité, Kemba Walker arrive 1er aux votes des médias et des joueurs et 3e aux votes des fans pour le backcourt de la Conférence Est pour le All-Star Game, pour une 4e apparition de suite (sa 2e dans le cinq majeur).

Lors des playoffs, qu'il dispute enfin avec une équipe compétitive, le parcours sera plus long que ce que l'on avait prédit aux Celtics. Bouclant sa plus longue campagne de playoffs (plus de matchs de *postseason* avec Boston cette année, 17, que depuis le début de sa carrière, 11) sur une défaite en finale de conférence et empreint d'un sentiment d'insatisfaction quant à ses performances, Kemba Walker repart à l'assaut de la Conférence Est avec un excellent bilan pour sa première année avec les Celtics, tant sur le plan sportif qu'au niveau de l'appréciation de ses collègues. Comme le déclarait le GM des Celtics Danny Ainge à son sujet à l'issue des playoffs des C's, « il apporte du plaisir dans le jeu, dans l'équipe et dans la franchise au quotidien... C'est un leader, un coéquipier et une personne fantastique ».

RUSSELL WESTBROOK

31 ANS

MENEUR

0

CLUBS

PALMARÈS

X1 MVP de la saison (16-17)

X9 All-Star

X2 MVP du All-Star Game (15-16)

X19 Joueur de la semaine

X8 Joueur du mois

X2 Meilleur marqueur de la saison (14-15, 16-17)

X2 Meilleur passeur de la saison (17-18, 18-19)

Après onze saisons passées dans sa franchise de cœur, celle qui l'avait drafté et où il a tout connu (8 All-Star Games, 1 titre de MVP, 3 saisons en triple-double de moyenne), Russell Westbrook a tourné la page OKC avec un bilan, même s'il reste vierge de titre, plus qu'honorable : 9 campagnes de playoffs en onze ans, 1 finale NBA, 3 finales de conférence. Au cœur de l'un des plus gros transferts de la dernière intersaison, il a été envoyé à Houston en échange de Chris Paul et a ainsi pu retrouver son camarade de jeu des premières années au Thunder, James Harden. Deux MVP dans le même *line-up* mais un seul ballon pour ces deux « croqueurs » notoires, le potentiel de cette association fait saliver, peur ou douter, au choix.

Conscient des adaptations à apporter à son jeu pour s'insérer dans celui des Rockets, « Brodie » semble avoir laissé de côté son inclination à vouloir être partout sur le terrain et en faire trop. Incisif en pénétration, TGV en contre-attaque et « *energizer* » inépuisable, son profil est idéal pour varier le jeu offensif des Rockets qui repose presque essentiellement sur le tir à trois points. En évitant d'en faire trop, avançant presque « caché » par l'omniprésence offensive de James Harden, Westbrook s'est davantage concentré sur le *scoring*. À temps de jeu égal, il score près de 4 points de plus que la saison passée ! 27,2 par match, sa 3e meilleure moyenne en carrière en shootant à 47,2 %, sa meilleure saison à la réussite aux tirs (tout en étant le 1er de la NBA au nombre de tentatives de tirs à deux points !), avec des périodes incroyables d'efficacité (32,5 points à 52,2 % de réussite en janvier, 33,4 points à 54,9 % en février), même s'il reste toujours un peu de déchet dans son jeu (3e de la Ligue au nombre de fautes par match et 2e aux balles perdues). Avec 61,5 points de moyenne par match, le *one-two punch* des Rockets est devenu le duo le plus prolifique de cette saison et même de l'histoire de la NBA depuis sa fusion avec la ligue concurrente ABA en 1976 tout en dépassant chacun les 20 000 points inscrits en carrière.

Après trois saisons de suite en triple-double de moyenne, une saison en deçà de ce niveau d'activité pourrait sembler ratée à première vue. Mais Russ Wes rend une copie qui ferait pâlir d'envie nombre de ses pairs à 27,2 points, près de 8 rebonds et 7 passes par match. Et même s'il en a compilé beaucoup moins que sur les trois exercices précédents, il en a quand même réussi 8 cette saison (+ 14 double-doubles), suffisant pour dépasser Magic Johnson au classement historique et s'installer à la 2e place derrière Oscar Robertson. Le 20 janvier, il devient d'ailleurs le second joueur de l'histoire de la Ligue, deux mois après LeBron James, à réaliser un triple-double face aux trente franchises NBA (deux exploits réussis face au Thunder, en passant). Une blessure à la cuisse l'empêche de commencer les playoffs avec les Rockets face à son ancienne équipe, contre qui la bataille ira jusqu'au bout du match 7. Une campagne de playoffs en dents de scie qui s'est achevée par 4 défaites d'affilée face aux Lakers, mais qui ne l'a pas empêché d'être élu dans le 3e meilleur cinq de la saison.

ANDREW WIGGINS

25 ANS

AILIER

22

CLUBS

PALMARÈS

Rookie de l'année (14-15)

Auteur d'un excellent début de saison, peut-être le meilleur de sa carrière, Andrew Wiggins a aidé à lancer la saison des Timberwolves avec un bilan positif de 7 victoires pour 4 défaites en tournant à près de 26 points de moyenne, avant de manquer 3 matchs pour cause de maladie. Un départ sur les chapeaux de roues qui a pris beaucoup d'observateurs de court, et qui s'est confirmé à son retour. Sur le mois de novembre, l'ailier a ainsi cumulé des stats digne du All-Star qu'il n'est pas encore : 27,1 points de moyenne assortis de 5,3 rebonds et 4,1 passes. C'est simple, quand Wiggins est en réussite, Minnesota gagne. Malheureusement, comme bien souvent depuis son entrée en NBA, il s'est ensuite effacé. Mis en veille. Malgré l'absence en décembre-janvier de Karl-Anthony Towns – arrivé après lui dans le Minnesota mais qui s'est vite installé dans le fauteuil du *franchise player* –, Wiggins n'en a pas franchement profité pour prendre le relais et confirmer son début de saison en fanfare. Du début décembre jusqu'à son départ du Minnesota en février, il ne participera plus qu'à 3 victoires de sa franchise avec des stats pas vraiment flamboyantes (20,9 points à 42,9 % aux tirs et 31,8 % à trois points, 5,1 rebonds et 3,9 passes).

Cependant, pour sa sixième saison en NBA, le premier choix de la draft 2014 a montré qu'il pouvait encore s'améliorer et qu'il n'a pas encore atteint son plateau. Toujours capable de poser des grosses statistiques, le natif de Toronto a notamment décroché son premier triple-double en carrière ; c'était le 18 janvier face aux champions en titre (18 points, 11 passes et 10 rebonds). Il a aussi battu ses records en carrière aux trois points réussis sur un match (7/11) lors d'une belle sortie face aux Kings en janvier (36 points, 9 rebonds et 8 passes), aux passes décisives (11 lors du match du triple-double face aux Raptors) et aux contres (4), de nouveau lors d'une soirée réussie d'un point de vue personnel face aux Suns en février (27 points, 3/4 à trois points). Là où le bât blesse pour Andrew Wiggins, c'est que ces trois records personnels se sont soldés par 3 défaites collectives.

Des signes encourageants, preuves que la marge de progression existe pour Andrew Wiggins. Le potentiel est bien là, tapi, ne demandant qu'à sortir au grand jour, si seulement le propriétaire des lieux voulait bien faire sauter le verrou. Transféré début février aux Warriors en échange de D'Angelo Russell, Andrew Wiggins va pouvoir évoluer dans un environnement de champion. Ayant encore beaucoup à prouver, il doit faire mentir ses détracteurs, mais en a-t-il réellement envie ? Chez les Warriors, il ne subira plus le même genre de pression avec le retour de Stephen Curry et Klay Thompson. Il va enfin connaître le goût de la victoire et dans une culture de la gagne, il aura l'occasion de s'épanouir et de réaliser tout son potentiel. Pourquoi pas dans un rôle de lieutenant comme celui qu'avait tenu Harrison Barnes...

ZION WILLIAMSON

20 ANS

AILIER / FORT

1

CLUB

À son retour (devrait-on plutôt dire son arrivée ?) sur les parquets le 22 janvier, le premier choix de la draft 2019 n'a pas perdu de temps. Face aux Spurs, il a fait plaisir en remplissant la feuille de stats mais pas forcément dans le compartiment où on l'attendait : 22 points, 7 rebonds à 72,7 % de réussite mais surtout un 4/4 à trois points. Cela dit, il n'en tentera que 10 (pour 2 réussites) jusqu'à la fin de sa saison début août. Le gaucher, ancienne star de Duke, né en Caroline du Nord, n'en est plus à un paradoxe près.

Car Zion Williamson est un gabarit hors-norme. Un ailier fort d'une puissance, d'une rapidité et d'une explosivité incroyables. Trop lourd pour les ailiers, trop rapide pour les pivots, il devrait rapidement devenir la solution n° 1 de son équipe en attaque tant son profil est extraordinaire et versatile. Les Pelicans étaient orphelins d'un big man depuis le départ d'Anthony Davis pour les Lakers ; en l'espace de seulement 19 matchs avant la coupure début mars et avec un temps de jeu limité, Zion Williamson a eu un impact immédiat sur le collectif de franchise de la Louisiane. Dans ce laps de temps il a même réussi à faire naître un débat sur le titre de rookie de l'année que tout le monde pensait inévitablement acquis à Ja Morant. Dominant dès ses débuts, il remporte la distinction de rookie du mois de février de la Conférence Ouest, privant ainsi le meneur de Memphis du trophée mensuel sur lequel il avait la mainmise depuis le début de la saison. Agressif sous le cercle, sa capacité à gober du rebond offensif (près de la moitié de ses rebonds en sont) grâce à un second saut explosif sur ses tirs manqués a permis aux Pels de pointer à la 2ᵉ place de cette catégorie cette saison, mieux que leur 8ᵉ rang de l'année passée. Zion a aussi prouvé par sa bonne connexion avec Lonzo Ball qu'il n'était pas perdu dans un collectif nouveau et par son intelligence à se placer qu'il comprenait le jeu version NBA.

Le bâton de dynamite ambulant de la Nouvelle-Orléans présente néanmoins un profil à double tranchant : gêné par les blessures cette saison, comment pourra-t-il évoluer sans casse en bougeant si vite et si haut avec ses 130 kilos pour 1,98 mètre ? De son propre aveu pas encore à son meilleur niveau, il s'est montré plus effacé et un poil hors de forme (18,4 points, 4,2 rebonds) à la reprise de la saison fin juillet dans la bulle d'Orlando, handicapé certes par un temps de jeu de nouveau limité. Les Pelicans se veulent rassurants quant aux inquiétudes générées par la fragilité physique de Zion qui depuis le lycée a connu plusieurs blessures, notamment au genou. Tournant à 23,6 points à 58,9 % de réussite et 6,8 rebonds jusqu'à l'interruption de la saison début mars, Zion a tout de même eu le temps de nous montrer un aperçu de son potentiel quand il sera en mesure de tourner à plein régime et sans restriction de temps.

TRAE YOUNG

22 ANS

MENEUR

11

CLUB

PALMARÈS

X1 All-Star

X2 Joueur de la semaine

Le meneur d'Atlanta entame son deuxième exercice très fort en décrochant le tout premier trophée individuel de la saison, celui de meilleur joueur de la première semaine de compétition. Auteur d'une première année sensationnelle à 19,1 points et 8,1 passes, Trae Young n'a pas attendu pour confirmer. Il a battu cette saison tous ses records personnels, déjà impressionnants en soi, établis pendant son année de rookie ! Le plus marquant reste ses 50 points le 20 février face à Miami pour la victoire (précédent record personnel : 49 points), bel exemple de sa précocité : avec 12 matchs à 40 points ou plus sur ses deux premières saisons (dont cette sortie à 50 unités), il éclipse de ce classement Michael Jordan (7) et Shaquille O'Neal (10). Au total, il score cette saison 40 points ou plus à 11 reprises et 45 points ou plus à 5 reprises ! Il bat également son record de passes (18), d'interceptions (5) et de rebonds avec 13 prises. Ce dernier record est assorti de 42 points et 10 passes face aux Rockets de James Harden le 8 janvier. Ce soir-là, les deux meneurs se livrent une bataille dantesque : les Rockets l'emportent d'une courte tête (+ 7 points) mais avec un triple-double pour les deux meneurs, ce sera la première fois dans l'histoire de la Ligue que deux adversaires compilent un triple-double à 40 points ou plus (Harden : 41 points, 10 passes et 10 rebonds).

Trae Young devient l'un des plus jeunes joueurs de l'histoire de la NBA à compiler un triple-double à 40 points ou plus avec Luka Dončić. Statistique assez peu surprenante, tant les deux hommes ont des destins croisés à la *Amicalement Vôtre* et ce, dès la soirée de la draft lors de laquelle ils furent échangés par leurs équipes respectives. Tous deux titulaires au All-Star Game, on les a vus en mode super copains lors du week-end des Étoiles, notamment après ce tir du milieu de terrain de Dončić lors du Rising Star et en petits nouveaux lors du match principal, dans la cour des grands dès leur deuxième saison dans l'élite.

Trae Young a montré qu'il avait déjà un style bien à lui, même s'il a vite été assimilé à Stephen Curry (la mécanique de shoot, les trois points tirés de loin et même du logo). Dribbles, *crossovers*, passes aveugles, sa boîte à outils est déjà bien remplie. Roublard, voire chambreur (Ricky Rubio, Nikola Jokić et surtout Trevor Ariza se souviennent encore de ses petits ponts), « Ice » Trae a du sang-froid dans les veines mais donne chaud à ses adversaires. La hype revient à Atlanta, mais que lui manque-t-il pour passer un cap, tant d'un point de vue personnel que collectif ? Il lui sera difficile de faire mieux au niveau de ses stats personnelles en tout cas. 4e meilleur marqueur (29,6 points par match, soit 10,5 points de plus par rapport à sa saison rookie !) et 2e passeur de la saison (9,3 par match, il était déjà 4e passeur la saison passée à 8,1) mais avec le 2e plus grand nombre de balles perdues cette saison, sa « gourmandise » à trois points et ses lacunes en défense, il reste à Trae Young des secteurs du jeu où il n'a pas encore montré tout son potentiel.

LES 1001 VIES DE VINSANITY

Entre finesse et puissance : l'un des visages de la NBA au tournant du siècle.

La superstar de North Carolina est draftée en 5e position en 1998 par les Raptors, une franchise au bilan moribond depuis sa création en 1995. Vince Carter y attire les lumières et lui redonne des couleurs en l'emmenant en playoffs avec un bilan positif au bout de deux saisons et en l'aidant à remporter la première série de playoffs de son histoire au bout de trois. Après la retraite de Michael Jordan puis la grève de 1998-99, la NBA est prête à tourner la page et entrer dans le nouveau millénaire. Vince Carter enfonce la porte à grands coups de dunks rageurs, aériens, inventifs et revigorants. Vainqueur du concours de dunks de l'an 2000, Vinsanity réinvente le dunk et inspire toute une ville et un pays. Son passage dans Team USA aux JO de Sydney 2000 est tout aussi remarqué par son envolée par-dessus le pivot français Fréderic Weis et la médaille d'or.

21 FÉVRIER 1999 : dans le duel fratricide face à l'autre franchise canadienne, Vince Carter remporte une victoire sur le terrain et surtout morale sur les Vancouver Grizzlies : 27 points, 6 rebonds, 5 passes, 4 interceptions, 2 contres à 11/16 aux tirs et 3/4 à trois points.

27 FÉVRIER 2000 : face à Phoenix et lors du 1er match de l'histoire de la franchise à être retransmis sur une chaîne nationale (NBC, un dimanche après-midi), Vince Carter se déchaîne : 51 points, 9 rebonds à 53,1 % aux tirs et 4/8 à trois points pour la victoire.

19 MARS 2000 : à égalité face aux Rockets à 11 secondes de la fin, Vince Carter récupère la balle sur l'aile gauche. Après avoir débordé son défenseur d'un premier pas éclair, l'*Half-Man/Half-Amazing* attaque la ligne de fond et s'élance pour un dunk à deux mains sur Hakeem Olajuwon. Spectaculaire ET clutch.

11 MAI 2001 : match 3 des demi-finales de la conférence Est contre les 76ers. 50 points, 6 rebonds, 7 passes, 4 contres, 65,5 % aux tirs et 9/13 à trois points (à l'époque un record NBA derrière l'arc en playoffs). Lors de la même série, ayant fini son cursus de fac en même temps qu'il évoluait en NBA, le fraîchement diplômé Vince Carter va chercher son diplôme la veille du match 7. Grandement critiqué pour sa décision, il ne cède pas et s'explique sur l'importance de cet événement dans sa vie. Cela ne convainc pas ses détracteurs, encore plus remontés à l'issue du match : défaite des Raptors sur un dernier tir pour la gagne raté par Vince Carter.

28 AVRIL 2005 : arrivé fin décembre 2004 aux Nets, il s'y montre déjà décisif avec un *buzzer beater* à la fin de la 1ère prolongation du match 3 du 1er tour des playoffs face à Miami : un long tir à deux points dans la corner avec 5 ricochets et un rebond contre la planche. Les Nets s'inclineront à l'issue de la 2e prolongation et de la série.

23 DÉCEMBRE 2005 : la revanche ! 51 points face à Miami en shootant à 52 % aux tirs mais surtout 23/24 aux lancers dont 16/16 dans le 4e quart, un record qui tiendra jusqu'en 2019.

8 JANVIER 2006 : 42 points dont 24 dans le 4e quart-temps et le *game-winner,* un trois points sur une passe de Jason Kidd, à 0,1 seconde du buzzer face à son ancienne équipe des Raptors.

7 AVRIL 2007 : contre les Wizards, Vince Carter et Jason Kidd cumulent chacun un triple-double : 46 points (57,1 aux tirs et 7/13 de loin), 16 rebonds, 10 passes pour Vinsanity ; 10 points, 16 rebonds et 18 passes pour Kidd. Pour la précédente occurrence d'un duo en triple-double, il faut remonter à Jordan et Pippen en 1989. Deux mois plus tôt, c'était le dernier All-Star game en carrière pour VC, sa 8e sélection d'affilée.

21 NOVEMBRE 2008 : encore *clutch* face aux Raptors, il rentre deux paniers décisifs en fin de chrono : un pour égaliser (un trois points) puis un pour gagner en prolongation (un dunk arrière sur une remise en jeu en *alley-oop*).

De franchise player à 6e homme de luxe, du dunk au trois points : une longévité exceptionnelle

En NBA depuis déjà dix ans, Vince Carter entame la deuxième partie de sa carrière en quittant à l'intersaison 2009 les New Jersey Nets. S'ensuivront deux saisons moins abouties à Orlando puis Phoenix, mais quand même ponctuées de quelques moments mémorables (48 points à 70 % aux tirs contre les Hornets le 8 février 2010 ; 8 victoires d'affilée en playoffs en 2010 avec le Magic ; 20 000 points en carrière atteints lors de son 10e match à Phoenix). Vince Carter arrive ensuite à Dallas où il retrouve Jason Kidd ; il va alors se muer petit à petit en remplaçant qui rend encore de fiers services puis en mentor pour la nouvelle génération.

26 AVRIL 2014 : 1er tour des playoffs face aux Spurs. 1-1, match 3 à Dallas. Avec encore 1:7 à jouer dans le derby texan, San Antonio mène 108-106. Sang-froid incroyable de Vince Carter qui rentre un trois-points en déséquilibre au buzzer dans le coin gauche après une feinte sur Ginóbili.

13 MARS 2017 : contre Milwaukee, Vince Carter fait un sans-faute : 23 points à 8/8 aux tirs, 6/6 à trois points et 2/2 aux lancers. Il devient ainsi le 6e joueur de l'histoire de la NBA âgé d'au moins 40 ans à inscrire 20 points ou plus dans un match, et le seul à le faire en plantant 6 paniers à trois points !

21 NOVEMBRE 2018 : Vince Carter dépasse les 25 000 points en carrière face à... Toronto, presque au buzzer et sur un dunk, évidemment !

29 DÉCEMBRE 2018 : contre Cleveland, avec 21 points il devient à l'âge de 41 ans et 337 jours le joueur le plus âgé de l'Histoire de la NBA à scorer 20 points ou plus dans un match.

11 MARS 2020 : « *We want Vince !* » scande la foule du Madison Square Garden. La saison étant mise en pause jusqu'à nouvel ordre, Vince Carter rentre une dernière fois en jeu sous les vivats dans un match déjà plié face aux Knicks, à 20 secondes de la fin de la prolongation. Le temps de rentrer un ultime panier... pas un dunk mais un trois points, son autre spécialité.

LE 4 JANVIER 2020 : Vince Carter est officiellement devenu le 1er joueur à avoir évolué en NBA sur 4 décennies, une période exceptionnellement longue pour un athlète de haut niveau. Dans les classements historiques, Vince Carter a évidemment une place de choix : 25 728 points (22e), 2290 trois points réussis (6e), 1541 matchs joués (3e).

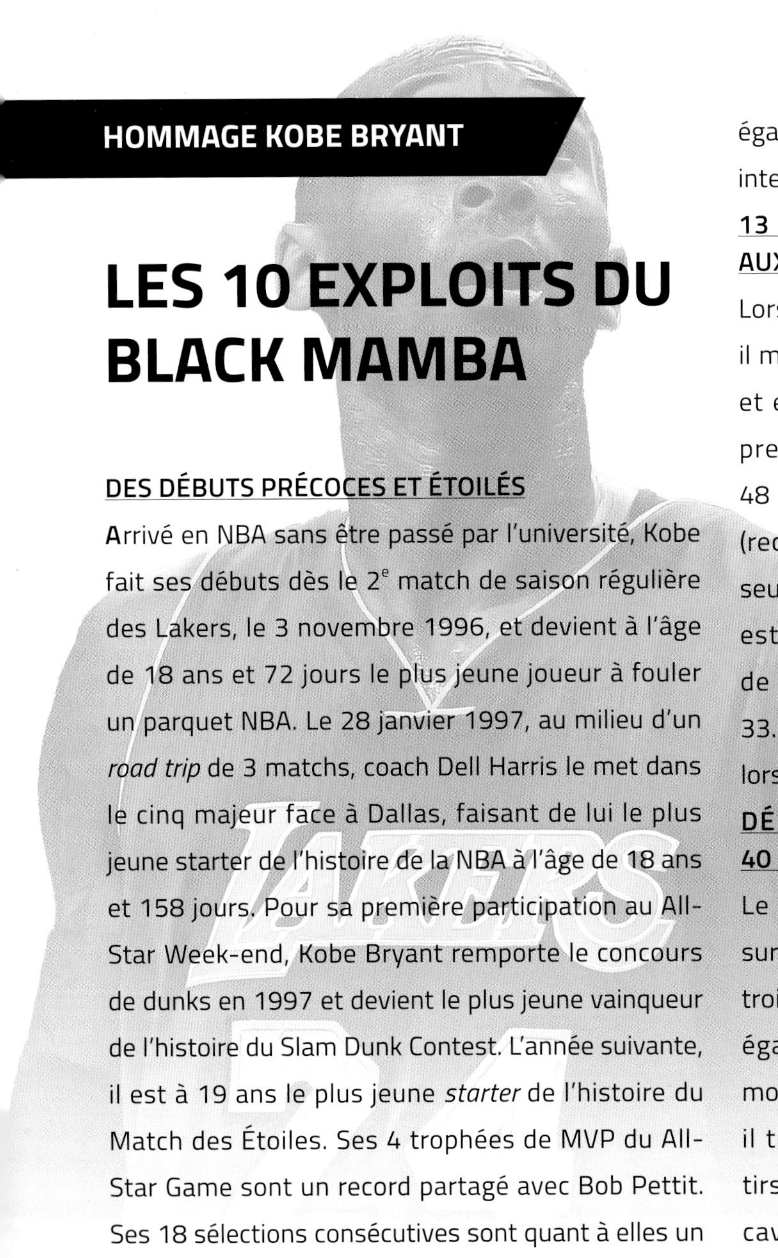

LES 10 EXPLOITS DU BLACK MAMBA

DES DÉBUTS PRÉCOCES ET ÉTOILÉS

Arrivé en NBA sans être passé par l'université, Kobe fait ses débuts dès le 2ᵉ match de saison régulière des Lakers, le 3 novembre 1996, et devient à l'âge de 18 ans et 72 jours le plus jeune joueur à fouler un parquet NBA. Le 28 janvier 1997, au milieu d'un *road trip* de 3 matchs, coach Dell Harris le met dans le cinq majeur face à Dallas, faisant de lui le plus jeune starter de l'histoire de la NBA à l'âge de 18 ans et 158 jours. Pour sa première participation au All-Star Week-end, Kobe Bryant remporte le concours de dunks en 1997 et devient le plus jeune vainqueur de l'histoire du Slam Dunk Contest. L'année suivante, il est à 19 ans le plus jeune *starter* de l'histoire du Match des Étoiles. Ses 4 trophées de MVP du All-Star Game sont un record partagé avec Bob Pettit. Ses 18 sélections consécutives sont quant à elles un record.

1RE SÉLECTION DANS LE MEILLEUR CINQ DÉFENSIF DE LA SAISON

Compétiteur acharné, sa défense en un contre un était son arme de prédilection de l'autre côté du terrain. Sa taille (1,98 mètre, grand pour un arrière), son jeu de jambes, sa remarquable condition athlétique et sa concentration extrême lui permettaient de mener la vie dure à son vis-à-vis. Dès 2000 et jusqu'en 2012 (avec 2005 comme seule exception), Kob dans le meilleur cinq défensif de la saison (2ᵉ cinq en 2001, 2002 et 2012). Il figure également à six reprises dans le top 20 des meilleurs intercepteurs de la saison.

13 MAI 2001 : 48 POINTS, 16 REBONDS ET 51 % AUX TIRS EN PLAYOFFS

Lors de ce match 4 des demi-finales de conférence, il montre qu'il peut prendre un match à son compte et en profite pour délivrer une de ses meilleures prestations en playoffs : en 48 minutes, il score 48 points à 51,7 % de réussite et amasse 16 rebonds (record en carrière en playoffs) dont 9 offensifs. À seulement 22 ans, son niveau de jeu sur cette série est ahurissant : en moyenne 35 points à 47,3 % de réussite, 9 rebonds, 4.3 passes. Il montera à 33.3 points (à 51,4 % aux tirs), 7 rebonds et 7 passes lors des finales de conférence.

DÉBUT 2003 : 12 PANIERS À TROIS POINTS ET 40 POINTS DE MOYENNE SUR UN MOIS

Le 7 janvier 2003, en 37 minutes face à Seattle, sur 18 tentatives il rentre ses neufs premiers tirs à trois points pour un total de 12 réussis, record NBA égalé en 2005 puis battu seulement en 2016. Le mois suivant, sur l'intégralité de février (14 matchs), il tourne à 40,6 points de moyenne (47,2 % aux tirs, 42,9 % à trois points). Au milieu de cette folle cavalcade, un match de titan à Houston en deux prolongations : en l'absence de Shaq, Kobe joue près de 54 minutes pour 52 points (à 50 % aux tirs), 11/11 aux lancers, 8 rebonds, 7 passes et 3 contres. Décisif, sur un *jump shot* il enverra même le match dans une deuxième prolongation pour la victoire des Lakers.

2005-2006 : 62 POINTS EN TROIS QUARTS-TEMPS, 81 POINTS EN UN MATCH

3 saisons à 30 points ou plus de moyenne, 5 matchs à 60 points ou plus, 19 matchs à 50 points ou plus, Kobe Bryant est le seul joueur avec Wilt Chamberlain dans l'histoire de la NBA à avoir scoré 50 points ou plus sur 4 matchs consécutifs (du 16 au 23 mars

2007, 56,3 points à 54,3 % aux tirs et 51,5 % à trois points !). Le 20 décembre 2005, avec 62 points à lui tout seul (58,1 % aux tirs, 40 % derrière l'arc), il inscrit plus de points en l'espace de trois quarts-temps que toute l'équipe des Mavs (61), un exploit unique depuis l'instauration des 24 secondes en 1954. Le 22 janvier 2006, 2e plus grosse marque individuelle depuis les mythiques 100 points de Wilt Chamberlain en 1962, avec un Kobe de nouveau *in the zone* à LA. Face aux Raptors, en moins de 42 minutes il enquille 81 points à 60,9 % aux tirs (7/13 à trois points et 18/20 aux lancers francs). Avec 35,4 points par match, il finit 2005-06 avec la meilleure moyenne de points de la NBA et de sa carrière.

FINALES 2009 ET 2010 : DANS LA LÉGENDE DES LAKERS

À la sortie d'une période compliquée pour les Lakers durant laquelle Kobe est énorme (MVP l'année précédente, finaliste face aux Celtics), arrivé en 2009 il s'est si souvent entendu dire qu'il ne peut pas gagner sans Shaq que dans cette finale, il ne laisse aucune chance à ses adversaires : MVP des Finals (32,8 points, 7,4 rebonds, 5,4 passes) et enfin champion en tant que seul et unique *franchise player.* Il décroche son 5e titre en 2010 (autant que Magic Johnson) face à l'ennemi juré et Némésis historique, les Celtics, pour la revanche de 2008.

12 AVRIL 2013 : LES LANCERS FRANCS AVEC UNE RUPTURE DU TENDON D'ACHILLE

La « *Mamba Mentality* » dans toute sa puissance lors de cette fin de match du 12 avril 2013 : âgé de 34 ans, Kobe est utilisé à outrance par Mike D'Antoni lors de cette saison (226 minutes jouées sur 240 possibles en avril). Malmené tout au long du match, il doit gérer une cheville endolorie et un choc au genou survenu un peu plus tôt dans la partie. À 3 minutes de la fin, Kobe déclenche un *drive* mais n'a que le temps de faire un dribble avant de se figer et de s'écrouler. Le tendon d'Achille de son pied gauche vient de céder. Sur un pied, il rentre les deux lancers obtenus puis sort aussitôt, par ses propres moyens.

15 JANVIER 2015 : 17 PASSES DÉCISIVES

Après une saison 2013-2014 quasi blanche (6 matchs joués avant de se blesser à nouveau au genou), Kobe est enfin de retour au jeu. Un match avant de se faire mal à l'épaule sur un dunk (nouvelle blessure qui mettra un terme à sa saison), Kobe délivre 17 passes décisives, record en carrière, face aux Cavaliers de LeBron James qui finiront par gagner le match.

3 AVRIL 2016 : 60 POINTS POUR SON DERNIER MATCH NBA

Pour le dernier quart-temps du dernier match de sa dernière saison, Kobe fait une dernière excursion in the zone, bien aidé par ses coéquipiers qui l'abreuvent de ballons : 23 points à 50 % aux tirs et 3/5 à trois points, pour arracher la victoire, 101 à 96. Dans ce dernier quart, il marque plus de points à lui tout seul que toute l'équipe du Jazz (21) et devient à l'âge de 37 ans et 234 jours le joueur le plus âgé de l'histoire de la NBA à scorer 60 points ou plus dans un match.

20 SAISONS DANS LA LIGUE ET DANS LA MÊME ÉQUIPE

Relativement épargné par les blessures lors de sa carrière jusqu'à ses trois dernières saisons et aidé par son jeune âge à son entrée en NBA, Kobe Bryant est resté fidèle à la franchise qui lui a fait signer son premier contrat en 1996. 1346 matchs (15e *all time*) et 48 637 minutes (8e *all time*) plus tard, cela fait un total de 20 saisons en NBA et dans la même équipe, sur les talons de Dirk Nowitzki (21 saisons à Dallas) et Tim Duncan (19 saisons chez les Spurs).

LES RÉSULTAT

S DE L'ANNÉE

SAISON 2

CONFÉRENCE OUEST

1	Los Angeles Lakers	52-19
2	Los Angeles Clippers	49-23
3	Denver Nuggets	46-27
4	Houston Rockets	44-28
5	Oklahoma City Thunder	44-28
6	Utah Jazz	44-28
7	Dallas Mavericks	43-32
8	Portland Trail Blazers	35-39
9	Memphis Grizzlies	34-39
10	Phoenix Suns	34-39
11	San Antonio Spurs	32-39
12	Sacramento Kings	31-41
13	New Orleans Pelicans	30-42
14	Minnesota Timberwolves	19-45
15	Golden State Warriors	15-50

CONFÉRENCE EST

1	Milwaukee Bucks	56-17
2	Toronto Raptors	53-19
3	Boston Celtics	48-24
4	Indiana Pacers	45-28
5	Miami Heat	44-29
6	Philadelphia 76ers	43-30
7	Brooklyn Nets	35-37
8	Orlando Magic	33-40
9	Washington Wizards	25-47
10	Charlotte Hornets	23-42
11	Chicago Bulls	22-43
12	New York Knicks	21-45
13	Detroit Pistons	20-46
14	Atlanta Hawks	20-47
15	Cleveland Cavaliers	19-46

POINTS

1	James Harden	HOU	34.3
2	Bradley Beal	WAS	30.5
3	Damian Lillard	POR	30.0
4	Trae Young	ATL	29.6
5	Giánnis Antetokoúnmpo	MIL	29.5
6	Luka Dončić	DAL	28.8
7	Russell Westbrook	HOU	27.2
8	Kawhi Leonard	LAC	27.1
9	Devin Booker	PHX	26.6
10	Anthony Davis	LAL	26.1

REBONDS

Andre Drummond	DET	15.2
Giánnis Antetokoúnmpo	MIL	13.6
Hassan Whiteside	POR	13.5
Rudy Gobert	UTAH	13.5
Domantas Sabonis	IND	12.4
Jonas Valančiūnas	MEM	11.3
Nikola Vučević	ORL	10.9
Bam Adebayo	MIA	10.2
Tristan Thompson	CLE	10.1
DeAndre Jordan	BRK	10.0

PASSES DÉCISIVES

1	LeBron James	LAL	10.2
2	Trae Young	ATL	9.3
3	Luka Dončić	DAL	8.8
4	Ricky Rubio	PHO	8.8
5	Damian Lillard	POR	8.0
6	Ben Simmons	PHI	8.0
7	James Harden	HOU	7.5
8	Devonte' Graham	CHA	7.5
9	Kyle Lowry	TOR	7.5
10	Ja Morant	MEM	7.3

INTERCEPTIONS

Ben Simmons	PHI	2.1
Kris Dunn	CHI	2.0
Andre Drummond	DET	1.9
Fred VanVleet	TOR	1.9
James Harden	HOU	1.8
Kawhi Leonard	LAC	1.8
Jimmy Butler	MIA	1.8
Marcus Smart	BOS	1.7
Dejounte Murray	SAN	1.7
Russell Westbrook	HOU	1.6

19/2020

CONTRES			
1	Hassan Whiteside	POR	2.9
2	Brook Lopez	MIL	2.4
3	Anthony Davis	LAL	2.3
4	Myles Turner	IND	2.1
5	Kristaps Porziņģis	DAL	2.0
6	Rudy Gobert	UTAH	2.0
7	Mitchell Robinson	NY	2.0
8	LaMarcus Aldridge	SAN	1.6
9	Andre Drummond	DET	1.6
10	Jaren Jackson Jr.	MEM	1.6

BALLES PERDUES		
Trae Young	ATL	4.8
James Harden	HOU	4.5
Russell Westbrook	HOU	4.5
Luka Dončić	DAL	4.3
LeBron James	LAL	3.9
Devin Booker	PHX	3.8
Giánnis Antetokoúnmpo	MIL	3.7
Andre Drummond	DET	3.6
Ben Simmons	PHI	3.5
Zach LaVine	CHI	3.4

% TIRS			
1	Mitchell Robinson	NY	74.2
2	Rudy Gobert	UTAH	69.3
3	Jarrett Allen	BRK	64.9
4	Hassan Whiteside	POR	62.1
5	Brandon Clarke	MEM	61.8
6	Steven Adams	OKC	59.2
7	Jonas Valančiūnas	MEM	58.5
8	John Collins	ATL	58.3
9	Montrezl Harrell	LAC	58
10	Ben Simmons	PHI	58

PER		
Giánnis Antetokoúnmpo	MIL	31.9
James Harden	HOU	29.1
Luka Dončić	DAL	27.6
Anthony Davis	LAL	27.4
Damian Lillard	POR	26.9
Kawhi Leonard	LAC	26.9
Karl-Anthony Towns	MIN	26.5
Joel Embiid	PHI	25.8
LeBron James	LAL	25.5
Hassan Whiteside	POR	25.0

Par joueur, minimum requis de matchs joués pour le classement aux points, rebonds, passes décisives, contres, interceptions et balles perdues : 70 % du nombre total de matchs joués par son équipe

Total minimum requis de tirs réussis pour les % : 300 tirs de champ, 125 lancers francs et 82 trois points.

Sources : nba.com et basketball-reference.com

*PER : *Player Efficiency Rating*, formule statistique mesurant l'efficacité de la production d'un joueur, la moyenne de la ligue étant de 15.

(1) Lakers 4						**4 Bucks (1)**
(8) Portland 1						1 Orlando (8)
	(1) Lakers 4				1 Bucks (1)	
	(4) Rockets 1				**4 Heat (5)**	
(4 Rockets 4						0 Pacers (4)
(5) Thunder 3						**4 Heat (5)**
		(1) Lakers 4	(1) Lakers 4 2 Heat (5)	**4 Heat (5)**		
		(3) Nuggets 1		2 Celtics (3)		
(3) Nuggets 4						**4 Celtics (3)**
(6) Utah 3						0 76ers (6)
	(3) Nuggets 4				**4 Celtics (3)**	
	(2) Clippers 3				3 Raptors (2)	
(2) Clippers 4						**4 Raptors (2)**
(7) Mavericks 2						0 Brooklyn (7)

TROPHÉES

MVP	Giánnis Antetokoúnmpo (Milwaukee Bucks) Finalistes : LeBron James (Los Angeles Lakers), James Harden (Houston Rockets)
MEILLEUR DÉFENSEUR	Giánnis Antetokoúnmpo (Milwaukee Bucks) Finalistes : Anthony Davis (Los Angeles Lakers), Rudy Gobert (Utah Jazz)
ROOKIE DE L'ANNÉE	Ja Morant (Memphis Grizzlies) Finalistes : Kendrick Nunn (Miami Heat), Zion Williamson (New Orleans Pelicans)
MEILLEUR 6e HOMME	Montrezl Harrell (Los Angeles Clippers) Finalistes : Dennis Schröder (Oklahoma City Thunder), Lou Williams (Los Angeles Clippers)
MEILLEURE PROGRESSION	Brandon Ingram (New Orleans Pelicans) Finalistes : Bam Adebayo (Miami Heat), Luka Dončić (Dallas Mavericks)
COACH DE L'ANNÉE	Nick Nurse (Toronto Raptors) Finalistes : Mike Budenholzer (Milwaukee Bucks), Billy Donovan (Oklahoma City Thunder)
ALL-NBA 1ST TEAM	Giánnis Antetokoúnmpo (Milwaukee Bucks) LeBron James (Los Angeles Lakers) James Harden (Houston Rockets) Anthony Davis (Los Angeles Lakers) Luka Dončić (Dallas Mavericks)
ALL-NBA 2ND TEAM	Kawhi Leonard (Los Angeles Clippers) Nikola Jokić (Denver Nuggets) Damian Lillard (Portland Trail Blazers) Chris Paul (Oklahoma City Thunder) Pascal Siakam (Toronto Raptors)
ALL-NBA 3RD TEAM	Jayson Tatum (Boston Celtics) Jimmy Butler (Miami Heat) Rudy Gobert (Utah Jazz) Ben Simmons (Philadelphia 76ers) Russell Westbrook (Houston Rockets)
ALL-DEFENSIVE 1ST TEAM	Rudy Gobert (Utah Jazz) Giánnis Antetokoúnmpo (Milwaukee Bucks) Anthony Davis (Los Angeles Lakers) Marcus Smart (Boston Celtics) Ben Simmons (Philadelphia 76ers)
ALL-DEFENSIVE 2ND TEAM	Kawhi Leonard (Los Angeles Clippers) Brook Lopez (Milwaukee Bucks) Bam Adebayo (Miami Heat) Patrick Berveley (Los Angeles Clippers) Eric Bledsoe (Milwaukee Bucks)

CRÉDITS PHOTOGRAPHIQUES

Couverture :

James Harden : Mike Ehrmann / Getty Images / AFP

Giánnis Antetokoúnmpo : Gregory Shamus / Getty Images / AFP

Kawhi Leonard : Michael Reaves / Getty Images / AFP

LeBron James : Harry How / Getty Images / AFP

Luka Doncic : Ronald Martinez / Getty Images / AFP

Fond : Texture Vecteurs par Vecteezy

Pages :

Les stars de l'année : Kevin C.Cox / Getty Images / AFP

Introduction : Douglas P. DeFelice / Getty Images / AFP

Les résultats de l'année : Introduction : Douglas P. DeFelice / Getty Images / AFP

Fond résultats : Markus Spiske / Pexels

Les 50 stars :

1. Bam Adebayo : Kevin C.Cox / Getty Images / AFP
2. Giánnis Antetokoúnmpo : Douglas P. DeFelice / Getty Images / AFP
3. Bradley Beal : Elsa / Getty Images / AFP
4. Devin Booker : Christian Pertersen / Getty Images / AFP
5. Malcolm Brogdon : Kevin C.Cox / Getty Images / AFP
6. Jaylen Brown : Maddie Meyer / Getty Images / AFP
7. Jimmy Butler : Douglas P. DeFelice / Getty Images / AFP
8. Anthony Davis : Kevin C.Cox / Getty Images / AFP
9. DeMar DeRozan : Chris Graythen / Getty Images / AFP
10. Spencer Dinwiddie : Emilee Chinn / Getty Images / AFP
11. Luka Dončić : Kevin C.Cox / Getty Images / AFP
12. Andre Drummond : Michael Reaves / Getty Images / AFP13. Joel Embiid : Kevin C.Cox / Getty Images
14. Evan Fournier : Kevin C.Cox / Getty Images / AFP
15. De'Aaron Fox : Gregory Shamus / Getty Images / AFP
16. Paul George : Mike Ehrmann / Getty Images / AFP
17. Shai Gilgeous-Alexander : Kevin C.Cox / Getty Images / AFP
18. Rudy Gobert : Chris Graythen / Getty Images / AFP
19. Devonte' Graham : Streeter Lecka / Getty Images / AFP
20. James Harden : Michael Reaves / Getty Images / AFP
21. Montrezl Harrel : Christian Pertersen / Getty Images / AFP
22. Buddy Hield : Jonathan Daniel / Getty Images / AFP
23. Brandon Ingram : Chris Graythen / Getty Images / AFP
24. LeBron James : Kevin C.Cox / Getty Images / AFP
25. Nikola Jokić : Christian Pertersen / Getty Images / AFP
26. Zach LaVine : Jonathan Daniel / Getty Images / AFP
27. Kawhi Leonard : Douglas P. DeFelice / Getty Images / AFP
28. Damian Lillard : Kevin C.Cox / Getty Images / AFP
29. Kevin Love : Patrick Smith / Getty Images / AFP
30. Kyle Lowry : Kevin C.Cox / Getty Images / AFP
31. C.J. McCollum : Kim Klement /Getty Images / AFP
32. Khris Middleton : Jonathan Daniel / Getty Images / AFP
33. Donovan Mitchell : Kevin C.Cox / Getty Images / AFP
34. Ja Morant : Ronald Martinez / Getty Images / AFP
35. Jamal Murray : Mike Ehrmann / Getty Images / AFP
36. Chris Paul : Kevin C.Cox / Getty Images / AFP
37. Kristaps Porziņģis : Kevin C.Cox / Getty Images / AFP
38. Julius Randle : Elsa / Getty Images / AFP
39. Derrick Rose : Christian Pertersen / Getty Images / AFP
40. D'Angelo Russel : Michael Reaves / Getty Images / AFP
41. Domantas Sabonis : Street er Lecka / Getty Images / AFP
42. Pascal Siakam : Jonathan Daniel / Getty Images / AFP
43. Ben Simmons : Gregory Shamus / Getty Images / AFP
44. Jayson Tatum : Mike Ehrmann / Getty Images / AFP
45. Nikola Vučević : Carmen Mandato / Getty Images / AFP
46. Kemba Walker : Kevin C.Cox / Getty Images / AFP
47. Russel Westbrook : Michael Reaves / Getty Images / AFP
48. Andrew Wiggins : Ezra Shaw / Getty Images / AFP
49. Zion Williamson : Katelyn Mulcahy / Getty Images / AFP
50. Trae Young : Jonathan Daniel / Getty Images / AFP

Hommages :

Kobe Bryant : Aughn Ridley / Getty Images / AFP

Vince Carter : Carmen Mandato / Getty Images / AFP

4e de couverture :

LeBron James : Douglas P. DeFelice / Getty Images / AFP

Fond : Texture Vecteurs par Vecteezy

Impression et reliure SEPEC - France
Numéro d'impression : 19387200928 - Dépôt légal : octobre 2020

IMPRIM'VERT®